| 2판 |

몬테소리 일상 생활 영역

배진영 · 송미령 · 왕기은 · 이성숙 지음
분홍탑몬테소리연구소 편

창지사

머리말

유아는 끊임없이 바쁘게 움직이면서 행복해 하고 언제나 손으로 무엇인가 하고 있다. 그래서 몬테소리 여사는 "손은 유아의 중요한 선생님이다."라고 말씀하셨다.

이러한 유아의 타고난 성향을 볼 때 일상 생활 영역의 연습은 유아가 그 나라의 지리적 · 문화적 조건 아래에서 책임있는 인간으로 성장해 나가는 데 도움이 되며 교육기관과 가정을 연계시켜 주는 좋은 학습 방법의 하나이다.
그러므로 이 책은 교사나 부모가 앞으로의 인생을 시작하는 유아에 대한 이해를 높이는 참고서가 되어 유아에게 적합한 도움을 주었으면 하는 바램으로 만들었다.

몬테소리 여사는 교육을 "인생을 도와주는 것이다."라고 하였다. 인생에 도움을 주는 교육이란 언제나 우리의 과거와 조화를 이루어야 하며 미래를 바라보는 것이어야 한다. 이런 관점에서 유아에게 일상 생활 영역 교육을 하는 주된 목표는 유아로 하여금 자신이 누구인지, 성장하여 자기 실현을 이룩하기 위해서는 무엇을 해야 하는지 알 수 있도록 도와주며 나아가 그들 자신의 인생과 환경을 개선하는 데 있다.

아무쪼록 이 책이 몬테소리 교육 기관에서 일하는 교사와 몬테소리 교육에 관심있는 부모님들에게 좋은 지침서가 되었으면 한다.

분홍탑 몬테소리 교육 연구소에서

차 례

일상 생활의 이론적 배경

제1그룹 활동을 위한 준비

제2그룹 예의 범절

제3그룹 동작의 분석과 조절 능력

제4그룹 자신에 대한 배려

제5그룹 환경에 대한 배려

일상 생활의 이론적 배경

1. 일상 생활 영역의 내용
2. 일상 생활 영역의 교육 목적과 의의
3. 일상 생활 영역에 필요한 교구
4. 일상 생활 영역에 교구의 배치
5. 일상 생활 영역의 제시 방법
6. 일상 생활 영역 지도안 작성법

일상 생활 영역이란 그 나라의 지리적－문화적 환경 조건 아래서 실제로 성인이 일상 생활에서 행하고 있는 여러 가지의 생활 양식을 인격 형성에 필요한 작업으로 받아들여 적절한 환경의 유치원이나 어린이집 또는 가정에서 자유롭고 구김살 없이 자발적으로 반복해서 연습하는 영역을 말한다.

유아들이 태어나면서부터 매일 삶 속에서 접한 활동들이기에 매우 흥미롭고 친밀하며, 또한 일상 생활 영역은 가정과 유치원을 연결해 주는 다리 역할을 한다. 그러므로 유치원에서 일상 생활 영역을 제공해 줌으로써 가정과 자연스럽게 연결하는 교육의 현장이 된다.

1. 일상 생활 영역의 내용

일반적으로 몬테소리 교육의 일상 생활 영역은 다음과 같이 분류한다.

제1그룹 : 활동을 위한 준비
제2그룹 : 예의 범절
제3그룹 : 동작의 분석과 조절 능력
제4그룹 : 자신에 대한 배려
제5그룹 : 환경에 대한 배려

위에 분류된 그룹을 구체적으로 살펴보면 다음과 같다.

제1그룹 : 활동을 위한 준비

일상 생활 영역 활동을 하기 위한 기본이 되는 그룹을 말하며, 다른 그룹에 기초가 되는 활동을 말한다. 이 활동으로는 매트 펴고 말기, 교구 나르기, 의자에 앉고 서기, 의자 옮기기, 책상 옮기기, 물 떠오기, 버리기 등이 있다.

매트 말기와 펴기는 대부분의 활동을 위한 준비 과정이지만 자신의 영역을 한정하도록 제한시킴으로써 독립심을 기른다. 자신이 직접 선택한 공간에서 집중력을 기르고 공간 개념을 배운다.

매트 말기와 같은 큰 움직임에서 작은 매트 말기에서의 작은 움직임으로 발전된다.

제2그룹 : 예의범절

사람과 사람을 대상으로 사회 생활을 원활하게 하기 위한 사회적 예의 범절이나 규칙을 위한 그룹이다. 다른 사람과 교제할 때 좋은 행동을 할 수 있는 능력을 기르게 된다. 또한 이 그룹의 특징은 활동을 하기 위한 교구는 거의 필요로 하지 않으나 방법면에서는 각 나라의 문화적 환경에 따라 달라진다.

이 활동으로는 걷기, 문 열고 닫기, 인사하기, 도움 청하기, 양해 구하기, 위험한 물건 다루기 등이다.

제3그룹 : 동작의 분석과 조절 능력

일상 생활 활동을 하기 위한 기본이 되는 동작을 말하며 그것은 손가락 끝의 동작이나 한 부분이 아니라 몸 전체에서 받아들이는 동작을 말한다. 유아들은 아직 복잡한 운동을 동시에 할 수 없는 미분화 상태에 있기 때문에 동작의 여러 요소를 분석하여 조절할 수 있는 연습을 하는 것이 중요하다. 그러므로 동작의 분석이란 계속되는 동작을 식별하여 그 부분을 정확하게 한 동작씩 행하게 하는 것이다.

모든 일상 생활의 영역은 이러한 동작의 분석과 조절 능력이라 할 수 있다. 이 활동으로는 크게 소근육 활동과 대근육 활동으로 나뉘며, 소근육 활동으로는 옮기기, 따르기, 짜기, 손목 사용하기, 두드리기, 끼우기, 자르기, 접기 등이 있다. 대근육 활동으로는 선 따라 걷기, 침묵놀이, 실외 활동을 말한다.

(1) 짜 기

손을 꽉 쥐는 것은 유아가 태어날 때 나타나는 행동이다. 이 운동은 점차 사물을 잡고 손을 자기 몸으로 당기게 된다.

짜기는 스펀지 짜기처럼 두 손으로 쥐었다 폈다 하며 조절하는 것에 집중한다. 유아는 이 과정을 내면화하면서 스펀지로 물을 용기에서 다른 용기로 옮기는 옮기기 작업을 할 수 있게 된다.

또한 스펀지 외에 도구를 사용해 짜는 응용되고 발전된 단계로 나아간다.

집게 사용하기, 스포이트 사용하기 등으로 점점 발전되고 손 전체를 사용하는 대신 손가락을 사용하여 쥐는 단계로 발전된다. 이것은 쓰기를 위한 간접적인 준비로, 쥐는 활동은 손과 손가락의 힘을 증가시키고 연필을 잡고 조절하는 데 필요하다.

즉, 연필을 조절할 수 있게 되며 옮기기의 발전 단계는 유아에게 수학 개념의 간접적 준비가 된다. 예를 들어 용기에 담긴 콩을 두 개, 세 개의 용기로 나누는 것은 수학에 있어서 나누기의 쉬운 문제가 된다.

짜기는 집게 사용하기, 물감 짜기나 케첩을 짜는 것 등 일상 생활에서 일어나는 여러 가지 활동으로 연계된다.

(2) 손목 사용하기

비틀기에 포함되는 움직임은 유아가 무엇인가 옮기고, 짜는 등 그것을 한 방향으로 돌리는 동안 다른 손은 그 사물을 정지된 상태를 유지하기 위해서 유아의 손을 이용하도록 요구된다.

옮기고 돌리는 작업은 대근육 활동에서의 움직임이고 비틀기는 이 동작의 숙련된 활동이라 할 수 있다. 유아는 흥미로운 교구와 도구들의 사용을 통해 이런 활동에 매료된다.

비틀기는 궁극적으로 양손이 반대로 이용된다. 비틀기의 대부분의 활동들은 나사돌리기, 병 뚜껑 열고 닫기 등 조이는 활동에 사용되는데 거품내기 등 대부분의 돌리는 활동들을 요구하는 음식 준비하기에서도 사용된다.

이 모든 활동들은 반복과 실수를 스스로 정정함으로써 다른 영역의 간접적인 준비를 한다.

(3) 따르기

일단 손 사용의 우위가 결정되면 잡기와 조절하기가 소개될 수 있다.

주로 사용하는 손으로 주전자를 들고 다른 손은 주전자의 움직임을 조절한다. 양손의 우위가 결정되고 다른 손이 강화되면 더 발전된 단계로 나아간다.

깔때기를 사용하여 옮기기는 한 손으로 주전자를 잡고 다른 손은 깔때기를 조정하는 활동으로 양손이 균형과 리듬을 형성해야 한다.

(4) 혼합하기

혼합하기는 여러 가지 기술의 혼합을 말한다.

각각의 기술들이 실행되며 이것을 결합한 활동들이다. 예를 들어 따르기를 할 때 따르기를 하기 전에 따르기와 숟가락을 혼합하여 사용할 수 없다.

모든 활동은 단순한 것에서부터 복잡한 것으로, 마른 것부터 액체로, 큰 것부터 작은 것으로 전개된다. 여러 가지 기술을 결합하는 것은 복잡한 활동으로 연계된다. 예를 들어 빨래하기는 두 용기에 물을 붓는 활동으로 시작된다. 이것은 잡기와 조절하는 기술이 필요하며 비누를 사용하기 위해 비누 뚜껑을 열어야 한다. 이것은 돌려서 열고 닫는 기술을, 빨래를 짜는 기술, 빨래를 널 때 사용되는 집게 사용하기는 짜기 등 다양한 기술을 필요로 한다.

이러한 연계된 순서는 개별적으로 습득한 단순한 기술들을 결합한 것이다.

제4그룹 : 자신에 대한 배려

이 그룹은 유아 자신이 자기 존중감, 자신감, 자립심이 발달할 수 있도록 도와주는 활동들로 구성되어 있다. 이 활동으로는 거울 보기, 머리 빗기, 옷 입고 벗기, 신발 신고 벗기, 손 씻기, 이 닦기, 코 풀기, 구두 닦기, 옷틀 등이 있다.

제5그룹 : 환경에 대한 배려

이 그룹은 유아가 인간 이외의 생물과 무생물을 대상으로 자기 주위의 실내외 환경을 돌보는 일로 구체적인 활동으로는 크게 청소하기, 광내기, 동식물 가꾸기, 음식 준비하기 등이 있다.

2. 일상 생활 영역의 교육 목적과 의의

1 일상 생활 영역의 교육 목적은 유아에게 구체적인 작업의 습득 및 기술의 단련으로 새로운 사회와 환경에 적응할 수 있도록 도와 주는 것이다.

2 유아가 환경과 사회 관계에서 자신을 돌보면서 독립적인 인격체로 성장할 수 있도록 도와주며 이 독립심은 자존감과 자립심을 양성시킨다.

3 일상 생활 영역의 간접적인 목적은 운동을 조절하기 위해서 필요한 협응력, 집중력, 질서감, 독립심의 발달을 도모하는 것이다.

이밖에도 일상 생활 영역을 통해 기대되는 부수적인 요소는 다음과 같다.
① 유아의 정서가 함양된다.
② 공동체의 일원으로서 활동하는 것을 배운다.
③ 자신과 환경을 돌보는 좋은 습관을 배운다.
④ 정신적, 육체적으로 통합적인 발달을 가져온다.
⑤ 판단력이 발달된다.

3. 일상 생활 영역에 필요한 교구

○ 일상 생활 중에 실제 사용되는 것으로 실물을 사용한다.
○ 교구는 물리적 조화를 이루어 유아의 체격에 맞아야 한다.
○ 부주의하게 다루면 깨지기 쉬운 것이어야 한다.
○ 유아에게 흥미를 유발시키는 매력적이고 아름다운 것이어야 한다.
○ 쉽게 닦을 수 있고·세탁이 가능한 위생적인 것으로 한다.
○ 목적이 분명한 교구를 사용한다.
○ 각 활동마다 모두가 독립적인 세트로 준비한다.
○ 수량에 제한이 있어야 한다.
○ 유아가 살고 있는 환경과 조화되는 교구가 되어야 한다.

4. 일상 생활 영역에 교구의 배치

○활동 장소에 맞도록 교구를 배치한다.
○선반에 배치할 경우 쉬운 것(왼쪽), 어려운 것(오른쪽)으로 배치한다.
○비슷한 활동은 같이 배치한다.
○유아에게 무리가 없는 높이로 배치한다.
○모든 교구는 정해진 장소가 있어야 한다. 그러므로 유아가 그 교구가 있는 위치를 알게 된다.
○안전성을 추구해서 배치한다.
○교실 환경의 구조에 맞게 배치한다.

5. 일상 생활 영역의 제시 방법

(1) 제시를 결정짓는 요소

○적시성－적당한 시간과 유아의 준비된 때를 아는 것으로 이것은 관찰을 통해서 알 수 있다.
○완전성－교사가 시범 제시를 할 때에는 완전히 자기의 것이 되었을 때 한다.
○흥미성－교사가 흥미를 가져야 한다. 유아는 교사의 표현된 흥미에 좌우하기 때문이다.

(2) 제시 형태

1 대그룹 제시

학기초에 많이 이루어지는 제시이며, 그 대상은 교실의 유아 전체를 말한다. 유아의 주의를 끌기 위해서 종 또는 음악을 사용한다. 이것은 유아들이 자기가 하던 활동을 중지하고 주목하는 것을 뜻한다.

주의를 끈 후 제시되어지는 것이 무엇인지 구체적으로 말해줘야 하며, 유아들에게 제시 장소에 매트를 가져오도록 한다. 유아는 걷는 선 위에 앉아서는 안 된다. 교사는 제시를 위해서 교구를 가져와 유아들이 자리를 잡으면 "나는 너에게 ○○을 보여 주려고 한단다."라고 이야기한다.

2 소그룹 제시

대상은 3~5명 정도이며, 3~5명의 유아를 소그룹 활동에 초대하기 위해서는 다음과 같이 이야기한다. 한 명, 한 명에 개별적으로 이야기하는 것이 있고, 한 명의 유아에게 이야기한 후 초대하고자 하는 유아에게 이야기하는 방법이 있다. 이때 누구누구를 초대하고, 제시할 이야기를 하고, 장소를 이야기한다. 제시가 시작될 때는 제시가 시작되는 활동("나는 너에게 ○○을 보여 주려 한단다.")을 이야기한다.

3 개인 제시

○ 일대일 제시(교사와 유아)

○ 한 유아를 초청한다.

○ 교구가 있는 장소로 간다.

○ 교구는 이름별로 소개된다.

○ 유아는 활동이 수행되어지는 과정을 보게 되고 유아는 제시하는 장소로 교구를 이동한다.

○ 교사는 제시하는 중에 유아에게 최대의 관심을 집중한다(집중 방법 : 쳐다보기, 표정, 눈맞춤).

○ 제시할 때 사용하는 언어는 매우 조심스럽게 선택되어져야 하고, 제한되고, 간결하게 사용해야 한다. 유아가 집중하지 않을 때 짧게 "보세요."라고 이야기한다.

○ 이때는 필요한 말만하고 핵심적인 말만 한다.

4 동작 분석

동작을 하나하나 끊어서 보여 준다. 동작의 분석이란, 각 동작 사이에서 조금씩 멈추는 것이다. 동작의 분석을 통해서 유아는 활동을 분명하게 보는 것이다. 각각의 동작이 연결되어 하나의 동작이 이루어진다는 것을 유아는 이해하게 된다. 이것은 유아가 필요한 동작을 이해하기 위해 돕는 것이지 처음부터 유아가 동작의 분석을 통해서 활동하기를 기대해서는 안된다.

5 제시 끝맺음

○ 제시를 끝내는 방법은 주어진 제시의 유형에 달려 있다.

○ 대그룹 제시는 교사가 교구를 제자리에 갖다 두고, 유아들은 활동에 들어간다.

○ 소그룹 제시에서는 교사가 교구를 정리하지만, 유아도 활동을 돕는다.

○개인 제시에서는 유아가 정리 활동을 맡는다. 이때 교사는 유아가 이해하고 있는지, 어떤 어려움을 겪고 있는지를 관찰한다.
○교구를 갖다 놓는 것은 유아의 책임이고, 교사는 그것을 도와준다.

6. 일상 생활 영역 지도안 작성법

1. 교구　각 활동에 필요한 교구와 용품을 말한다.

2. 대상연령　각 활동을 하는 데 있어 적절한 연령으로 기술되어 있는 연령에 한정된 것이 아니고 하나의 목표로 받아들이고 실제로는 작업에 대한 유아들의 흥미도에 맞춰 제시하는 것을 말한다.

3. 목적　각 활동을 통해 유아에게 기대되는 직접적이고 간접적인 목적을 말한다.

4. 흥미점　각 활동을 통해 유아의 연령이나 성격, 경험에 따라 얻어지는 흥미도를 말한다.

5. 실수의 정정　유아 자신이 자기 활동의 잘못을 이해하는 배려로서 작업의 평가 기준이 되는 사항을 말한다.

6. 제시 방법　교사가 제시 형태에 따라 유아에게 시범 제시를 하는 순서를 말한다.

7. 변형 및 응용　비슷하거나 재료의 변화를 통해 유아가 실제 생활에 확장된 활동을 할 수 있는 것을 말한다.

8. 비고　각 활동에 있어서 교사에게 주의점이나 도움을 주는 내용을 말한다.

제1그룹 활동을 위한 준비

1. 매트 펴고 말기
2. 교구 나르기
3. 의자에 앉고 서기
4. 의자 옮기기
5. 책상 옮기기
6. 물 떠오고 버리기

매트 펴고 말기

1. 교　구　　매트

2. 대상연령　　2.5세 이상

3. 목　적

직접목적　① 매트를 펴고 마는 법을 익힌다.
　　　　　② 매트의 올바른 사용법을 익힌다.
　　　　　③ 손목의 유연성을 기른다.

간접목적　질서감, 협응력, 집중력, 독립심을 기른다.

4. 흥 미 점

· 옆을 편편하게 말았는지 만져보는 것
· 세워서 두들겨 보는 것
· 손바닥으로 쓸면서 재료의 질감을 느껴보는 것
· 말 때 매트를 끌어당기는 것

5. 실수의 정정 · 너무 느슨하게 말았을 때
· 나르는 도중 다른 유아와 부딪히거나 바닥에 떨어뜨리는 경우

6. 제시방법

방법 I　　매트 펴기

① 유아를 초대하여 활동명을 소개한다.
② 매트가 있는 곳으로 간다.
③ 양손으로 매트 한 개를 꺼낸다.
④ 양손으로 매트의 중앙을 잡고 다른 유아에게 방해가 되지 않는 장소를 찾아 바닥에 놓는다.
⑤ 두 손을 조금 벌려 손가락을 움직여 매트를 펴 간다.
⑥ 뒤로 조금씩 물러가면서 뒤에 방해되는 것이 없는지 살펴가며 매트를 편다.
⑦ 매트를 펴면서 손바닥으로 매트를 쓸어 평평하게 한다.

방법 II　　매트 펴기

① 매트를 왼쪽에 세로로 놓는다. 이때 가장자리 단이 왼쪽 방향으로 보게 놓는다.
② 왼손으로 매트의 가장자리를 잡고 오른손으로 매트의 중앙을 잡고 펴 나간다.

매트 말기

① 양손을 조금 벌려 끝단을 잡는다.

② 양손으로 매트를 말아가면서 몸을 매트 쪽으로 가면서 말거나, 매트를 자기 앞쪽으로 끌어당기면서 만다.

③ 말면서 옆으로 매트가 밀려나오지 않았는지 옆을 만져보며 만다.

④ 다 말은 매트를 세워 한 손으로 매트의 중앙을, 한 손은 매트 위를 두세 번 톡톡 두드려 주며 잘 말렸는지 확인한다.

방법 III 두꺼운 매트 펴기

① 매트의 말린 단 끝이 위로 향하게 놓는다.

② 매트의 단 끝을 바닥에 대고 양손을 매트의 말린 구멍을 잡고 아래에서 위 방향으로 돌려가며 매트를 펴 나간다.

두꺼운 매트 말기

① 양손으로 매트의 반 정도를 자기 방향으로 접는다.

② 매트의 바닥 부분의 끝단을 시작으로 하여 말아간다.

7. 변형 및 응용 · 작은 매트(책상용) 펴고 말기

· 욕실 타월 말기

· 매트 주변을 밟지 않고 걸어 보기

· 매트를 들고 선 따라 걷기

교구 나르기

1. 교 구 손잡이가 달린 쟁반, 내용물이 담긴 용기, 상자

2. 대상연령 2.5세 이상

3. 목 적

직접목적 ① 교구 나르는 법을 익힌다.

② 근육 운동의 조정과 균형 발달

간접목적 질서감, 협응력, 집중력, 독립심을 기른다.

4. 흥 미 점

· 용기를 얹은 쟁반이 기울어지거나 미끄러지지 않도록 조용히 나르는 것

· 쟁반의 높이를 유지하면서 걷는 것(팔꿈치와 손의 허리선 유지)

· 용기에 담긴 내용물이 쏟아지지 않게 해서 걷는 것

5. 실수의 정정

· 쟁반이 기울어져 용기가 미끄러지는 것을 보는 것

· 상자에 물건이 심하게 흔들리는 소리가 날 때

· 책상 위에 놓을 때 소리가 크게 날 경우

· 옮길 때 팔꿈치가 몸에 닿지 않는 것을 느낄 때

· 운반시 다른 사람이나 사물에 부딪힌다.

6. 제시방법

방법 I 쟁반 나르기

① 팔꿈치를 허리 부분에 붙이고 양손으로 쟁반을 든다.

이때 엄지손가락은 위로, 네 손가락은 쟁반 밑으로 가게 하고 쟁반을 수평이 되게 든다.

② 책상으로 옮겨 소리나지 않게 놓는다.

방법 II 상자 나르기

① 팔꿈치를 허리 부분에 붙이고 양손으로 상자를 든다.

이때 엄지손가락은 뚜껑 위로 네 손가락은 상자 밑으로 가게 하여 상자를 수평이 되게 든다.

② 책상으로 옮겨 소리나지 않게 놓는다.
③ 뚜껑을 열어 상자 옆에 놓는다.
④ 상자를 뚜껑 위에 놓는다.
⑤ 내용물을 모두 꺼낸 후 상자의 뚜껑을 닫는다.
⑥ 상자를 오른쪽 상단에 놓는다.
⑦ 상자를 가져다 뚜껑을 열고 내용물을 넣는다.
⑧ 뚜껑을 닫는다.
⑨ 유아에게 권유한다.

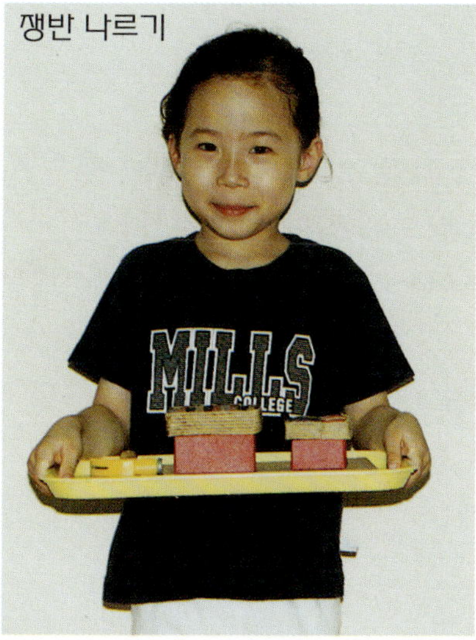

쟁반 나르기

상자 나르기

7. 변형 및 응용 · 쟁반 위에 다양한 물건을 놓고 걸어 보기
(쟁반을 들고 선 따라 걷기)
· 다른 여러 종류의 크기, 모양의 물건을 나른다.
(예 : 상자, 물통, 빗자루, 양동이 등)

8. 비 고 · 나르는 것의 모양, 성질에 따라 잡을 때 손의 위치에 주의한다.
· 타인의 방해가 되지 않도록 안전하게 목적지까지 이른다.

의자에 앉고 서기

1. 교　　구　유아용 의자

2. 대상연령　2.5세 이상

3. 목　　적

직접목적　① 의자에 바른 자세로 앉고 서는 법을 익힌다.
　　　　　② 예의 범절을 기른다.

간접목적　질서감, 협응력, 집중력, 독립심을 기른다.

4. 흥 미 점

· 두 손을 의자 옆에 놓고 당겨보고 밀어보는 것
· 무릎을 돌려서 책상 밑으로 집어넣는 것
· 책상 밑에서 의자를 어느 간격의 자리까지 끌어내는 것

5. 실수의 정정

· 의자를 꺼내며 소리를 낼 때
· 책상과 의자 사이에 몸을 넣을 간격이 없을 때
· 바르게 앉지 못할 때

6. 제시방법

① 유아를 초대해 활동명을 소개한다.
"이것은 의자에 앉고 서기입니다."

② 준비된 의자 뒤에 서서 의자 등받이를 두 손으로 잡는다. 또는 의자 등받이 양쪽 옆을 잡는다.

③ 한 걸음 뒤로 물러서면서 책상 밑에서 의자를 들어 뺀다.
④ 의자 다리를 왼쪽, 오른쪽, 뒤쪽 순서로 내려놓는다.
⑤ 이때 책상과 의자 사이의 간격은 몸이 들어갈 정도로 한다.
⑥ 의자의 왼쪽에 선다.

⑦ 오른쪽 옆으로 앞을 향해 앉았다가 몸을 책상 정면 방향으로 돌린다.
⑧ 의자의 양쪽을 가볍게 잡고 몸을 약간 앞으로 하고 의자를 두 번 정도 앞으로 당겨 앉는다.
⑨ 다리를 가지런히 모으고 손을 무릎에 놓는다.
⑩ 앉아 있는 상태로 의자의 양쪽을 잡고 몸을 약간 들어올리는 상태로 뒤쪽으로 두 번 정도 물러난다.
⑪ 몸을 오른쪽으로 돌려 앞을 향해 잠시 앉았다가 의자 옆쪽으로 선다.
⑫ 의자 뒤에 선다.
⑬ 꺼낼 때와 같은 방법으로 책상 밑에 집어 넣는다.

7. 변형 및 응용 여러 종류의 모양과 크기의 의자 사용하기

의자 옮기기

1. 교　구　유아용 의자

2. 대상연령　2.5세 이상

3. 목　적

직접목적　의자를 안전하게 옮기는 법을 배운다.
간접목적　질서감, 협응력, 집중력, 독립심을 기른다.

4. 흥 미 점

· 소리를 내지 않고 의자를 들고 놓는 것
· 의자 다리를 왼쪽, 오른쪽, 뒤쪽 순서로 놓는 것

5. 실수의 정정

· 의자를 놓으며 소리를 낼 때
· 잡는 법이 바르지 않을 때
· 의자를 옮기는 도중 사람이나 물건과 부딪힐 때
· 의자를 한 손으로 끌면서 옮길 때

6. 제시방법

① 유아를 초대해 활동명을 소개한다.
② 의자가 있는 곳으로 간다.
③ 의자의 등받이 부분을 양손으로 잡고 한 걸음 물러나면서 의자를 뺀다.
④ 뒤로 뺀 의자 옆으로 간다.
⑤ 허리와 무릎을 조금 구부려 한쪽 손은 등받이를, 한쪽은 의자 밑 부분을 잡는다.

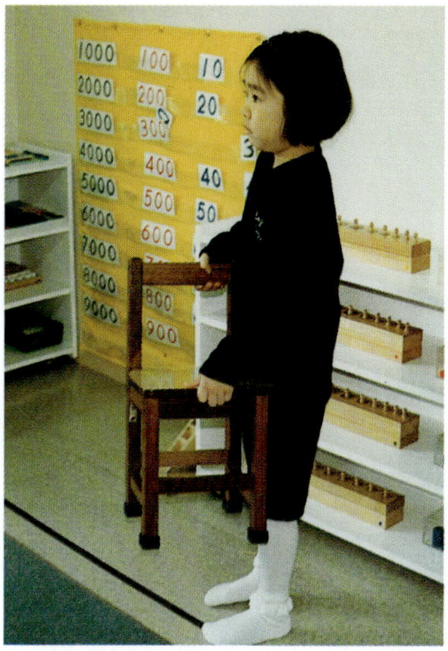

⑥ 의자를 바닥에서 들어올린다.

⑦ 양쪽 팔꿈치를 붙이고 허리 부분까지 들어올려 목적의 장소로 운반한다.

⑧ 들고 있던 의자를 놓는다.

⑨ 의자 등받이 뒤로 가서 선 후 다시 등받이를 잡는다.

⑩ 의자를 앞의 다리 왼쪽—오른쪽—뒤의 순서로 소리나지 않게 조용히 놓는다.

⑪ 유아에게 권유한다.

7. 변형 및 응용 · 다양한 모양의 의자를 옮기고 나른다.

· 의자를 들고 장애물 돌아오기

책상 옮기기

1. 교　구　유아용 책상, 혹은 유아에게 맞는 크기 무게의 책상, 책상의 크기에 따라 유아가 혼자 운반하는 경우, 혹은 둘이서 운반하는 경우가 있다.

2. 대상연령　2.5세 이상

3. 목　적

직접목적　① 책상을 안전하게 나르는 법을 익힌다.
② 운동 조정, 균형과 움직임의 조절을 발달시킨다.

간접목적　질서감, 협응력, 집중력, 독립심을 기른다.

4. 흥 미 점
· 책상을 스스로 옮겨 보는 것
· 협동해서 옮겨 보는 것
· 수평을 유지하면서 옮기는 것

5. 실수의 정정
· 두 사람이 옮길 때 수평 유지가 되지 않을 때
· 소리를 내면서 내려놓을 때
· 운반할 때 다른 유아나 사물과 부딪칠 때

6. 제시방법
① 유아를 초대해 활동명을 소개한다.
② 책상에 마주 보고 선다.
③ 한 사람씩 양손으로 책상의 양쪽 면을 잡고 허리 부분까지 들어 올린다.

④ 부딪히지 않게 조심스럽게 목적의 장소로 간다.
⑤ 한쪽 다리를 먼저 놓을 동안 다른 쪽은 그대로 들고 있는다.

⑥ 왼쪽 다리부터 오른쪽으로 다리를 놓는다.

7. 변형 및 응용

- 다양한 모양과 크기의 책상 옮기기
- 지도퍼즐 옮기기
- 크고 무거운 물건 옮기기

물 떠오고 버리기

1. 교　구　손잡이가 달린 피처 또는 양동이

2. 대상연령　2.5세 이상

3. 목　적

직접목적　① 피처와 양동이 나르는 법을 익힌다.
② 근육 운동의 조정과 균형 발달

간접목적　질서감, 협응력, 집중력, 독립심을 기른다.

4. 흥 미 점　· 피처와 양동이를 조심스럽게 나르는 것
· 용기에 담긴 내용물이 쏟아지지 않게 해서 걷는 것

5. 실수의 정정　운반하면서 물을 바닥에 흘릴 때

6. 제시방법

방법 I　피처로 물 떠오기

① 피처에 물을 받는다.
② 오른손으로 손잡이를 잡고 왼손은 피처 가운데 부분을 감싸듯이 잡고 옮긴다.

방법 II 양동이로 물 버리기

① 오른손으로 손잡이를 잡고 왼손은 양동이 윗부분을 잡는다.

② 조심스럽게 옮겨서 내려놓는다.

③ 다시 양동이를 들고 가서 싱크대 안에 놓는다.

④ 왼쪽 손으로 양동이의 윗부분을, 오른손으로 양동이의 밑바닥 부분을 잡고 양동이를 기울여 물을 버린다.

7. 변형 및 응용 다양한 모양과 크기의 피처와 양동이 나르기

제2그룹 예의 범절

1. 걷　　기
2. 문 열고 닫기
3. 인사하기
4. 도움 청하기
5. 위험한 물건 건네주기

걷 기

1. 교 구 유아, 교사

2. 대상연령 2.5세 이상

3. 목 적

직접목적 ① 바르게 걷는 법을 익힌다.

② 손과 발의 운동의 협응력

간접목적 집중력, 협응력, 독립심, 질서감

4. 흥 미 점 발뒤꿈치나 앞발꿈치가 바닥에 닿는 것을 느끼는 것

5. 실수의 정정 · 빨리 걷거나 뛸 때

· 발소리가 크게 날 때

6. 제시 방법

방법 I 신발을 신고 걷는 법

① 바른 자세로 출발점에 선다.

② 오른발을 내고 발뒤꿈치부터 바닥에 붙인다.

③ 발가락 끝을 내린다.

④ 이때 걷는 넓이는 유아의 어깨 넓이가 적당하다.

⑤ 왼발을 같은 방법으로 옮긴다.

⑥ 손은 발과 반대쪽을 흔든다.

⑦ 양발을 번갈아 가며 천천히 차분히 전진하여 걷는다.

방법 II 신발을 벗고 걷는 법

① 오른발을 내고 앞발꿈치부터 바닥에 붙인다.

② 발뒤꿈치를 내린다.

③ 다음은 I과 같은 방법으로 한다.

7. 변형 및 응용 생활 주변에서의 걷기 활동

문 열고 닫기

1. 교 구 손잡이가 달린 문

2. 대상연령 2.5세 이상

3. 목 적

직접목적 ① 예의 있고 안전하게 문을 여닫는 것을 배운다.
② 문의 손잡이와 걸쇠 역할에 대해 배운다.
③ 운동의 조정력과 침착한 동작을 익힌다.

간접목적 질서감, 협응력, 집중력, 독립심

4. 흥 미 점

· 문고리를 돌리는 것
· 걸쇠가 걸리는 소리
· 소리나지 않게 문을 열고 닫는 것
· 문의 종류에 따라 여는 방법이 다른 것을 아는 것
· 다양한 모양의 문고리와 손잡이

5. 실수의 정정

· 손잡이를 완전히 돌리지 않아 문이 안 열릴 때
· 문을 소리나게 닫는다.
· 문 열고 닫을 때 다른 사람과 부딪힌다.
· 발이나 손가락이 끼일 때

6. 제시방법

① 유아와 함께 문으로 걸어가 한두 발자국 앞에 선다.
"문을 어떻게 열고 닫는지 보여 주겠어요."

② 오른손으로 문의 손잡이를 잡고 왼손은 문 손잡이 위에 대고 시계 돌아가는 방향으로 끝까지 천천히 돌린다.

③ 손잡이를 잡은 채 문을 조금 밀어 열고 손잡이를 천천히 놓는다.
④ 문을 열고 두세 걸음 앞으로 간다. 걸쇠가 어떻게 들어갔다 나왔다 하는지 왼쪽 검지손가락으로 가리켜 보여준다.
⑤ 문을 닫기 위해 문 가까이 간다.
⑥ 같은 방법으로 손잡이를 잡고 돌린다.
⑦ 문이 문틀에 완전히 들어갈 때까지 문을 밀어 닫는다.
⑧ 손잡이를 놓고 걸쇠가 걸리는 소리가 날 때까지 밀어 닫는다.

7. 변형 및 응용
· 여러 가지 종류의 문을 열고 닫기
· 서랍이나 커튼 열고 닫기

8. 비　고
학기 초 유아에게 제시할 경우 원에 있는 문의 형태(예 : 여닫이문, 미닫이문)에 맞게 열고 닫는 법을 보여준다.

인사하기

1. 교 구 교사 또는 유아

2. 대상연령 2.5세 이상

3. 목 적

직접목적 ① 예절을 익힌다.

② 사회성을 몸에 익히고 타인과의 교재를 가진다.

간접목적 질서감, 협응력, 집중력, 독립심

4. 흥 미 점 · 상대방 얼굴 표정을 볼 수 있다.

· 간단한 인사말로 서로가 기분이 좋아진다.

5. 실수의 정정 상대방의 얼굴을 보지 않고 인사한다.

6. 제시방법

방법 I 웃어른

–여자인 경우

① 양손을 배꼽 아래쪽에 가지런히 모으고 두 팔꿈치도 붙인다.

② 두 발을 모으고 허리를 천천히 굽히면서 "안녕하세요."라고 말하며 천천히 일어난다.

–남자인 경우

① 차렷 자세로 선 후 양손을 붙인다.

② 주먹은 살짝 쥔다.

방법 II　　친 구

가벼운 목례를 하면서 친구의 눈을 보며 부드러운 미소로 "안녕"하고 말한다.

방법 III　　친구와 악수하기

① 바른 자세로 상대방과 마주 선다.

② 천천히 오른손을 뻗어 상대방의 손을 쥐고 가볍게 두세 번 흔든다.

7. 변형 및 응용
- 때와 장소의 변화에 따른 인사법을 배운다.
- 여러 나라의 인사법을 배운다.

8. 비　고

일상 생활의 하루 중에도 시간이나 상대에 따라 인사말이 다르다는 것을 알게 한다.

도움 청하기

1. 교 구 교사 또는 친구

2. 대상연령 2.5세 이상

3. 목 적

직접목적 ① 다른 사람에 대한 정중한 태도를 기른다.
② 신체 움직임에 대한 조정과 정숙 훈련
③ 준비된 환경에서 반영되는 규율을 통한 예절을 익힌다.

간접목적 질서감, 협응력, 집중력, 독립심을 기른다.

4. 흥 미 점 선생님께 다가가 조용히 속삭이는 것

5. 실수의 정정 · 큰 소리로 선생님을 부를 때
· 다른 사람과 대화를 할 때 끼여들 때

6. 제시방법

방법 I 윗사람에게 도움을 청할 때

① 교사에게 무엇인가 묻고 싶을 때 교사에게 다가와 조용한 목소리로 도움을 구한다.

② 다른 사람과 작업을 하고 있거나 이야기하고 있을 때는 조용히 옆에서 기다렸다가 도움을 청한다.

방법 II 친구에게 양해를 구할 때

① 친구에게 다가가 그 친구에게 양해를 구한다.

② "같이 작업을 할 수 있겠니? 또는 여기에서 기다려도 되겠니?" 하고 양해를 구하거나 도움을 청한다.

③ 친구가 작업을 하고 있을 때는 도중에 말을 걸거나 방해를 해서는 안된다.

7. 변형 및 응용

· 가족에게 도움 청하기

· 미안하지만, 죄송하지만, 고맙습니다 등 공손하게 말하는 법을 배운다.

위험한 물건 건네주기

1. 교　구　가위, 칼, 연필, 쟁반

2. 대상연령　2.5세 이상

3. 목　적

직접목적　① 위험한 물건을 건네주는 법을 익힌다.
② 타인에 대한 배려와 조심성을 익힌다.

간접목적　질서감, 협응력, 집중력, 독립심을 기른다.

4. 흥 미 점　조심스럽게 위험한 물건을 실제로 만져 보는 것

5. 실수의 정정
· 위험한 물건을 바닥에 떨어뜨렸을 때
· 위험한 부분이 상대방을 향해 건네줄 때

6. 제시방법
① 유아를 초대하여 활동명을 알려준다.
"우리가 위험한 물건을 주고받을 때 어떻게 해야 하는지 알아보자."
② 끝이 뾰족한 부분을 자기에게 향하게 하고 받는 상대가 받아서 바로 사용할 수 있도록 건넨다.
③ 상대방과 일정한 거리를 유지하고 오른손을 건네주는 물건을 잡고 왼손으로 오른손을 받쳐 비스듬히 앞에서 건네준다.

방법 I　　가위 : 날을 잡고 손잡이 부분을 상대방에게 건네준다.

방법 II　　칼 : 손잡이의 윗부분을 비스듬히 잡고 날이 상대방에게 향하지 않게 주의해서 손잡이를 건네준다.

방법 III　　연필 : 연필의 심이 자기를 향하게 연필의 아래로 잡고 상대방에게 건네준다.

7. 변형 및 응용 선물 주고 받기

제3그룹 동작의 분석과 조절 능력

1. 소근육 활동

(1) 옮기기
- 콩 만지기
- 두 손으로 옮기기
- 한 손으로 옮기기
- 세 손가락으로 옮기기
- 숟가락으로 옮기기
- 젓가락으로 옮기기

(2) 따르기
- 마른 것 따르기
- 물 따르기

(3) 짜 기
- 스펀지 짜기
- 스포이트 사용하기
- 빨래 집게 사용하기
- 집게 사용하기
- 펀치 사용하기

(4) 손목 사용하기
- 병 뚜껑 열고 닫기
- 나사 돌리기
- 자물쇠와 열쇠
- 수건 짜기
- 거품 내기
- 가루 내기

(5) 두드리기
- 망치질하기

(6) 끼우기
- 구슬 끼우기
- 바느질하기

(7) 자르기
- 가위로 자르기

(8) 접 기
- 손수건 접기
- 종이 접어 버리기

2. 대근육 활동

실내 활동
- 침묵놀이
- 선 따라 걷기

콩 만지기

1. 교 구 조그만 단지, 콩, 조그만 물체

2. 대상연령 2.5세 이상

3. 목 적

직접목적 ① 콩을 한 움큼 만져 보는 것
② 콩을 한 움큼 잡을 수 있는 능력

간접목적 질서감, 협응력, 집중력, 독립심을 기른다.

4. 흥 미 점

· 콩을 집어서 손가락 사이로 흘러내리는 것
· 콩의 모양, 콩의 감각, 콩의 소리
· 숨겨진 작은 물체, 유아 스스로가 잡을 수 있는 콩의 양

5. 실수의 정정 콩이 밖으로 떨어지는 것을 볼 때

6. 제시방법

① 교구가 있는 곳으로 유아와 함께 간다.
"이것은 콩 만지기입니다."
② 두 손을 항아리에 넣고 손가락 사이사이로 콩이 빠져나가는 것처럼 콩을 주무른다.
③ 양손으로 반원을 그리는 동작으로 콩을 만지며 항아리에 있는 숨겨둔 물체를 찾는다.
④ 물체를 다시 항아리에 넣은 후 유아에게 권유한다.

7. 변형 및 응용 내용물(은행, 옥수수, 잣, 쌀, 팥, 마카로니, 호도 등)을 바꿔 놓는다.

8. 비 고 항아리 안의 물체는 자주 바꾸어 준다.

두 손으로 옮기기

1. 교 구 크기와 모양이 같은 두 개의 용기, 쟁반, 내용물(팝팝볼, 콩 등)

2. 대상연령 2.5세 이상

3. 목 적

직접목적 물건을 두 손으로 옮기는 훈련

간접목적 질서감, 협응력, 집중력, 독립심을 기른다.

4. 흥 미 점

- 바구니의 모양, 내용물의 모양, 색깔, 촉감, 내용물을 두 손으로 움켜쥐는 것
- 내용물을 다 옮긴 후, 용기가 비어 있는 것을 보는 것

5. 실수의 정정

- 옮기는 작업 중 내용물이 떨어지는 것을 볼 때
- 내용물을 다 옮기지 않아 용기에 남아있는 것을 볼 때

6. 제시방법

① 유아를 초대하여 활동명을 알려준다.
"이것은 두 손으로 옮기기입니다."

② 양손으로 왼쪽 용기의 내용물을 한 움큼 잡아 오른쪽 용기에 천천히 옮긴다.

③ 왼쪽 용기의 내용물이 오른쪽으로 다 빌 때까지 옮긴다.

④ 빈 용기를 본다. "비었습니다."

⑤ 잠시 멈춘 후 다시 오른쪽 용기의 내용물을 왼쪽 용기로 모두 옮긴다.

⑥ 다 옮겨진 것을 확인한 후 유아에게 권유한다.

⑦ 작업이 끝나면 교구를 선반 제자리에 갖다 놓는다.

7. 변형 및 응용

· 용기의 색, 모양을 바꾸어 준다.

· 내용물을 바꾼다.

한 손으로 옮기기

1. 교 구 용기 2개, 쟁반, 내용물(팜팜볼 등)

2. 대상연령 2.5세 이상

3. 목 적

직접목적 물건을 한 손으로 옮기는 훈련

간접목적 질서감, 협응력, 집중력, 독립심을 기른다.

4. 흥 미 점

· 바구니의 모양, 내용물의 모양, 색깔, 촉감, 내용물을 두 손으로 움켜쥐는 것

· 내용물을 다 옮긴 후, 비어 있는 것을 보는 것

5. 실수의 정정
· 옮기는 작업 중 내용물이 떨어지는 것을 보는 것
· 내용물을 다 옮기지 않고 용기에 남아있는 것을 볼 때

6. 제시방법
① 유아를 초대하여 활동명을 알려준다.
"이것은 한 손으로 옮기기입니다."
② 오른손으로 왼쪽 용기의 내용물을 한 움큼 잡아 오른쪽 용기에 천천히 옮긴다.
③ 왼쪽 용기의 내용물이 오른쪽으로 다 빌 때까지 옮긴다.
④ 빈 바구니를 본다. "비었습니다."
⑤ 잠시 멈춘 후 다시 오른쪽 용기의 내용물을 왼쪽 용기로 모두 옮긴다.
⑥ 다 옮겨진 것을 확인한 후 유아에게 권유한다.
⑦ 작업이 끝나면 교구를 선반 제자리에 갖다 놓는다.

7. 변형 및 응용
· 용기의 색, 모양을 바꾸어 준다.
· 담는 용기를 바꾸거나 내용물을 바꾼다. (내용물 : 은행, 옥수수, 호도, 마카로니 등)

세 손가락으로 옮기기

1. 교 구 쟁반, 용기 두 개, 내용물

2. 대상연령 2.5세 이상

3. 목 적

직접목적 세 손가락의 근육 훈련

간접목적 질서감, 협응력, 집중력, 독립심을 기른다.

4. 흥 미 점

· 내용물의 색깔, 모양, 촉감
· 세 손가락으로 내용물을 잡는 것
· 용기가 채워지고, 비워지는 것을 보는 것

5. 실수의 정정

· 내용물이 밖으로 떨어지는 것을 보는 것
· 내용물을 반대쪽 용기에 옮길 때 한쪽 용기에 아직 내용물이 남아 있을 때

· 끝까지 세 손가락을 사용하면서 옮기지 못하는 것
· 왼쪽→오른쪽, 오른쪽→왼쪽으로 옮기는 것
· 한꺼번에 여러 개씩 잡는 것
· 손의 협응이 잘 되지 않아 내용물을 잘 잡지 못할 때

6. 제시방법

① 유아를 초대하여 활동명을 알려준다.
"이것은 세 손가락으로 옮기기입니다."
② 오른쪽 세 손가락으로 왼쪽 용기의 내용물을 한 개씩 오른쪽 용기에 천천히 옮긴다.
③ 왼쪽 바구니가 빌 때까지 옮긴다.
④ 빈 바구니를 본다. "비었습니다."
⑤ 잠시 멈춘 후 오른쪽 바구니의 내용물을 왼쪽 바구니로 모두 옮긴다.
⑥ 다 옮겨진 것을 확인한 후 유아에게 권유한다.
⑦ 작업이 끝나면 교구를 선반 제자리에 갖다 놓는다.

7. 변형및 응용

· 내용물과 용기를 바꿔 준다.
· 분류하면서 하나씩 옮기기
(색깔이나 모양이 같은 것)
예 : 은행, 호도, 대추 등

8. 비 고

내용물을 너무 많거나 적게 담지 않는다.

숟가락으로 옮기기

1. 교　구　쟁반, 크기가 같은 용기 두 개, 내용물, 숟가락

2. 대상연령　2.5세 이상

3. 목　적

직접목적　① 손목의 유연성을 기른다.

② 세 손가락의 힘을 기른다.

간접목적　질서감, 협응력, 집중력, 독립심을 기른다.

4. 흥 미 점

· 숟가락을 사용해서 내용물을 뜨는 것
· 내용물의 색깔과 모양
· 용기의 모양
· 내용물이 떨어지는 소리
· 숟가락 잡는 방법
· 마지막 한 알까지 그릇을 기울이지 않고 옮기는 것

5. 실수의정정
- 숟가락 사용이 잘 안될 때
- 옮길 때 내용물이 책상이나 쟁반으로 떨어지는 것을 볼 때
- 그릇에 내용물이 남아 있는 것을 볼 때

6. 제시방법

① 유아를 초대하여 활동명을 알려준다.
"이것은 숟가락으로 옮기기입니다."
② 숟가락 잡는 법을 천천히 보여준다.
③ 왼손으로 숟가락을 들어 오른손 엄지, 검지, 중지 세 손가락으로 옮겨 잡는다.
④ 왼손은 무릎 위에 올려놓고 오른손으로 왼쪽 용기에 담긴 내용물을 천천히 오른쪽 용기로 옮긴다.
⑤ 왼쪽 용기의 내용물을 다 옮길 때까지 용기를 기울이지 말고 옮긴다.
⑥ 빈 용기를 본다. "비었습니다."
⑦ 잠시 멈춘 후 오른쪽 용기의 내용물을 왼쪽 용기가 다 빌 때까지 옮긴다.
⑧ 제시가 끝나면 숟가락을 용기 앞에 놓는다.
⑨ 유아에게 권유한다.
⑩ 작업이 끝나면 교구를 선반 제자리에 갖다 놓는다.

7. 변형 및 응용
- 내용물을 다양하게 바꾸어 준다.
  (예 : 마른 곡식, 마카로니, 은행 등)
- 숟가락의 색깔, 크기, 모양을 바꿔 준다.
- 숟가락 대신 다른 도구를 사용한다(국자, 채망).
- 용기의 모양을 다양하게 바꾸어 준다.
- 여러 그릇에 나누어 옮긴다.

8. 비 고

처음에는 작은 양, 차츰 늘인다.

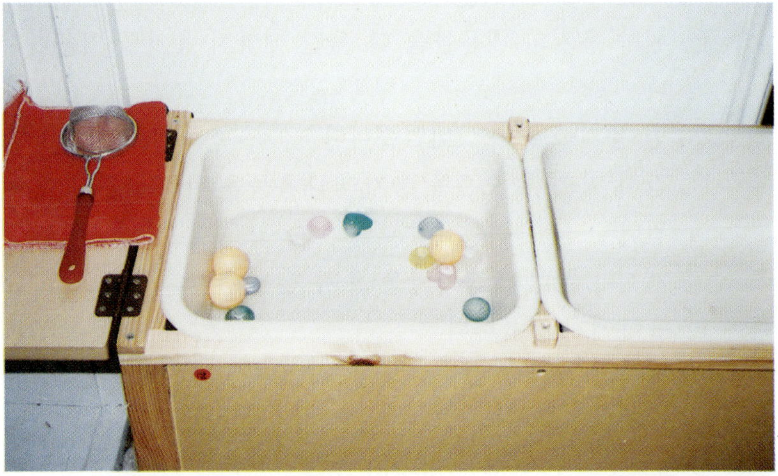

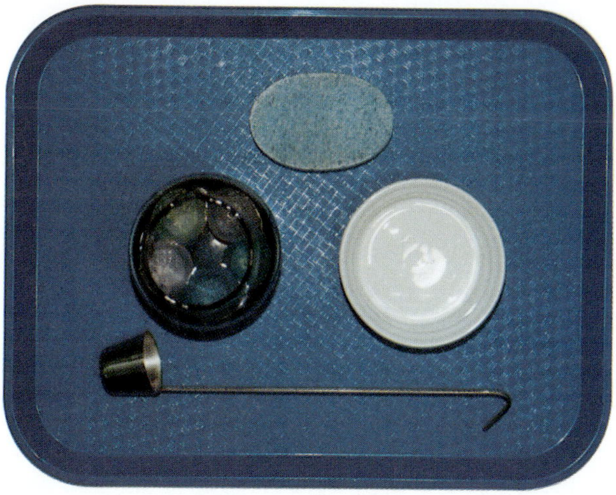

젓가락으로 옮기기

1. 교 구 쟁반, 같은 크기의 용기 두 개, 내용물(팜팜볼, 마카로니 등), 젓가락, 젓가락 받침

2. 대상연령 4세 이상

3. 목 적

직접목적 젓가락의 올바른 사용법을 익힌다.

간접목적 질서감, 협응력, 집중력, 독립심을 기른다.

4. 흥 미 점

· 젓가락을 사용해 보는 것
· 내용물의 색깔과 모양, 옮기는 것 자체
· 내용물을 집을 때의 느낌

5. 실수의 정정

· 내용물을 옮기는 중에 바닥에 떨어뜨린 것을 볼 때
· 젓가락 잡는 방법이 제대로 되지 않은 것을 볼 때

6. 제시방법

① 유아를 초대하여 활동명을 알려준다.
"이것은 젓가락으로 옮기기입니다."
② 젓가락 잡는 법을 천천히 보여준다.
③ 왼손으로 젓가락의 중간 부분을 잡고 오른손의 엄지, 검지, 중지를 사용하여 잡고 열었다 닫았다 두 번 정도 보여준다.
④ 왼손은 무릎 위에 올려놓고 오른손으로 왼쪽 용기에 담긴 내용물을 천천히 오른쪽 용기로 옮긴다.
⑤ 왼쪽 용기의 내용물을 다 옮길 때까지 용기를 기울이지 말고 옮긴다. "비었습니다."
⑥ 다시 오른쪽 용기의 내용물을 왼쪽 용기가 다 빌 때까지 옮긴다.
⑦ 젓가락을 젓가락 받침 위에 놓는다.
⑧ 유아에게 권유한다.

7. 변형 및 응용

· 젓가락의 모양과 크기를 바꾸어 준다.
· 내용물을 다양하게 바꿔 준다.
· 분류하면서 한 개씩 옮기기(색깔이나 모양이 같은 것)

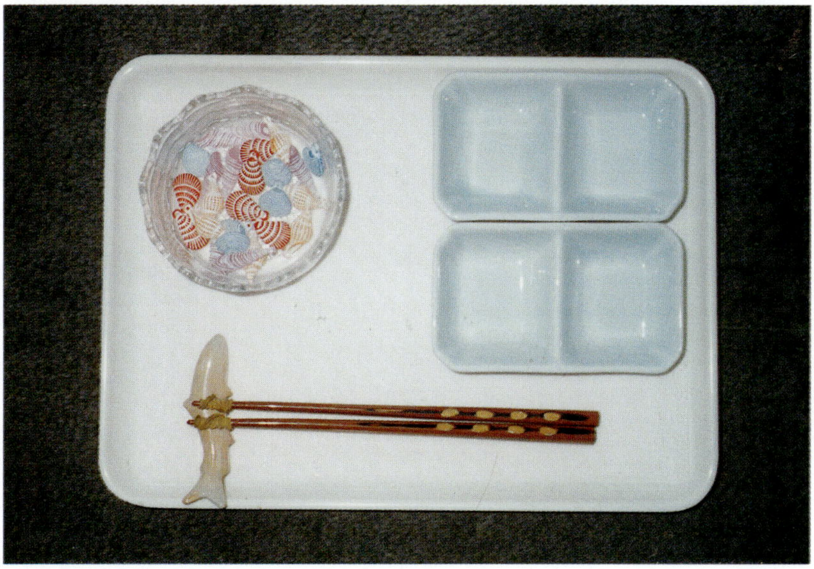

마른 것 따르기

1. 교 구 쟁반, 피처 두 개(손잡이가 달린 컵), 내용물

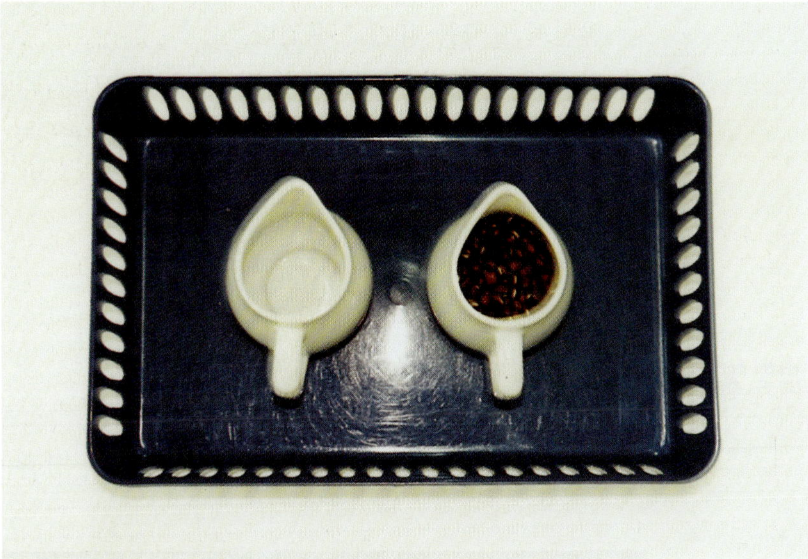

2. 대상 연령 2.5세 이상

3. 목 적

직접목적 ① 따르기를 잘할 수 있도록 한다.
② 손가락 근육 강화
③ 근육의 정확한 움직임
④ 일련의 동작의 순서를 익힘

간접목적 질서감, 협응력, 집중력, 독립심을 기른다.

4. 흥 미 점
· 내용물을 따를 때 나는 소리
· 내용물의 모양, 색깔

5.실수의 정정
· 내용물이 쟁반이나 책상 위에 떨어진 것을 볼 때
· 용기가 서로 부딪쳐서 소리가 날 때

· 내용물이 다른 용기에 남아 있는 것을 볼 때

6. 제시 방법

① 유아를 초대하여 활동명을 알려준다.
"이것은 마른 것 따르기입니다."
② 오른쪽의 피처 손잡이를 오른손 세 손가락으로 잡고 왼손으로 피처의 주둥이 밑을 받친다.
③ 오른쪽 피처를 살짝 들어 올려 왼쪽 피처 가운데 중심에 맞추어 천천히 따른다.

④ 오른쪽 그릇의 내용물이 다 떨어질 때까지 따른다.
⑤ 빈 그릇을 본다. "비었습니다."
⑥ 잠시 멈춘 후 왼쪽 피처의 내용물을 오른쪽 피처에 다 옮긴다.
⑦ 유아에게 권유한다.
⑧ 작업이 끝나면 교구를 선반 제자리에 갖다 놓는다.

7. 변형 및 응용

· 내용물을 바꾸어 준다(쌀, 콩 등).
· 용기를 바꾸어 준다.
· 꼭지가 안 달린(또는 손잡이가 안 달린) 용기를 사용한다.

· 두 개 이상의 그릇으로 나누어 따르기를 한다(2 : 1, 3 : 1).

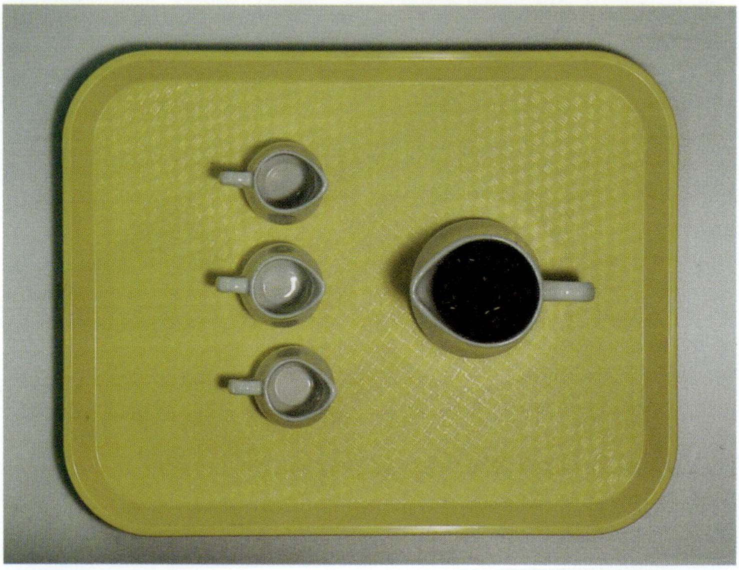

· 숟가락으로 옮긴 후 따르기

8. 비 고

· 내용물의 크기를 점차 작은 것으로 한다.
· 내용물의 크기가 작을 때 작업시 작은 솔과 쓰레받기를 준비한다.

물 따르기

1. 교　구　작은 쟁반, 손잡이와 꼭지가 달린 유리컵 두 개(피처 : 피처의 한쪽에 2/3 정도의 물을 넣는다), 스펀지

2. 대상 연령　2.5세 이상

3. 목　적

직접목적　물을 따르는 방법을 익힌다.

간접목적　질서감, 협응력, 집중력, 독립심을 기른다.

4. 흥 미 점

· 물의 색깔, 용기의 모양을 보는 것
· 마지막 한 방울까지 물이 떨어지는 것을 보는 것
· 따를 때 나는 소리를 듣는 것

5. 실수의 정정

· 물을 엎질렀을 때
· 용기에 물이 남아 있는 채로 다른 쪽 용기에 옮길 때

· 용기가 서로 맞닿아서 소리가 날 때

6. 제시방법

① 유아를 초대하여 활동명을 알려준다.
"이것은 물 따르기입니다."
② 물이 들어 있는 피처가 오른쪽에 오도록 놓는다.
③ 오른손으로 피처 손잡이를 세 손가락으로 잡고 왼손으로 피처의 주둥이 밑을 받친다.
④ 오른쪽 피처를 살짝 들어 올려 왼쪽 피처 가운데 중심에 맞추어 천천히 따른다.
⑤ 마지막 물방울이 다 떨어질 때까지 따른다.
⑥ 빈 피처를 본다. "비었습니다."
⑦ 잠시 멈춘 후 왼쪽 피처의 물을 오른쪽 피처에 다 옮긴다.
⑧ 스펀지로 피처와 쟁반에 떨어진 물을 닦아 낸다.
⑨ 유아에게 권유한다.
⑩ 작업이 끝나면 교구를 선반 제자리에 갖다 놓는다.

7. 변형 및 응용

· 물 색깔, 용기 모양과 재질을 바꾸어 준다.
· 깔때기를 사용해서 따른다.

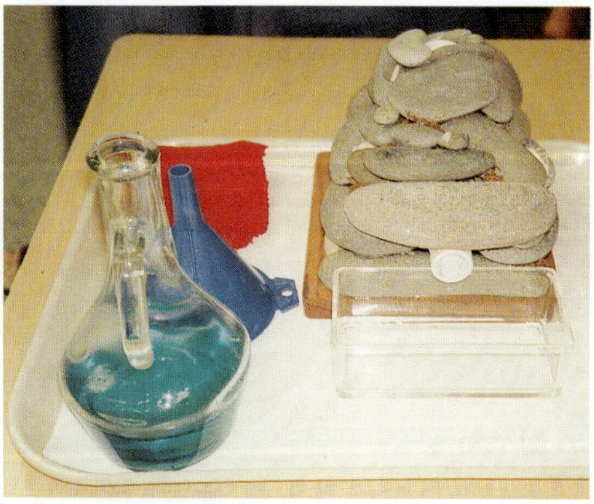

· 나누어 따르기(2 : 1, 3 : 1)

 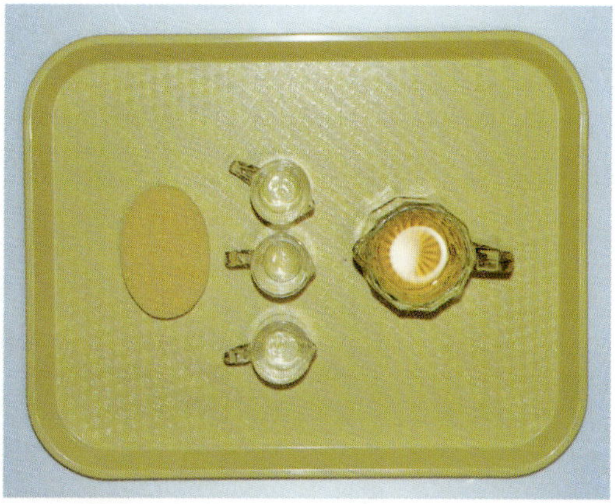

· 차 따르기

8. 비 고 물은 용기의 3/4을 넘지 않도록 한다.

스펀지 짜기

1. 교　구　용기, 중간 크기의 스펀지, 손타월, 쟁반, 작은 스펀지

2. 대상 연령　2.5세 이상

3. 목　적

직접목적　스펀지 짜는 법을 익힌다.

간접목적　① 질서감, 협응력, 집중력, 독립심을 기른다.

② 쓰기(손의 근육 발달)의 간접적 준비

4. 흥 미 점

· 스펀지에 물이 스며드는 것을 보는 것
· 스펀지가 무거워지는 것을 느낄 때
· 스펀지의 색깔이 진해지는 것을 보는 것
· 스펀지를 짤 때 나는 물소리를 듣는 것
· 용기의 모양과 색
· 스펀지의 모양과 색

5. 실수의 정정
· 물이 밖으로 흘렀을 때
· 작업이 끝난 후 스펀지가 젖어 있을 때

6. 제시 방법
① 유아를 초대하여 활동명을 알려준다.
"이것은 스펀지 짜기입니다."
② 용기를 가지고 싱크대로 가서 물을 떠온다.
③ 용기에 스펀지를 담근다.
④ 스펀지에 물이 스며드는 것을 본다.
⑤ 두 손으로 스펀지를 살짝 들어 물이 안 떨어질 때까지 짠다.
⑥ 다시 스펀지를 담갔다가 꺼내어 반복하여 같은 방법으로 짠다.
⑦ 짠 스펀지를 쟁반에 꺼내 놓는다.
⑧ 용기의 물을 싱크대에 가서 버린다.
⑨ 작은 스펀지로 용기와 쟁반에 떨어진 물을 닦아낸다.
⑩ 손타월로 손을 닦는다.
⑪ 유아에게 권유한다.

7. 변형 및 응용
· 물의 색깔을 바꾼다.
· 용기, 스펀지의 종류와 모양과 색을 바꾼다(해면, 동물, 과일 모양 등).

· 스펀지로 물 옮기기

· 도구(마늘 빻기)를 사용해서 스펀지 짜기

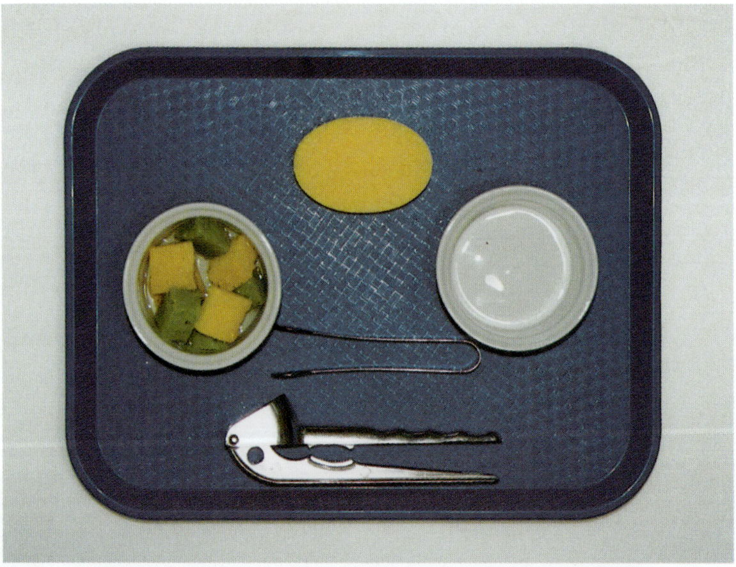

· 스펀지를 레몬 모양으로 자른 후 레몬 짜는 도구를 사용해 스펀지의 물을 짠다.

스포이트 사용하기

1. 교 구 쟁반, 같은 모양의 용기 2개, 스포이트, 스펀지, 물(왼쪽 용기에 2/3 정도의 물을 담아 놓는다.)

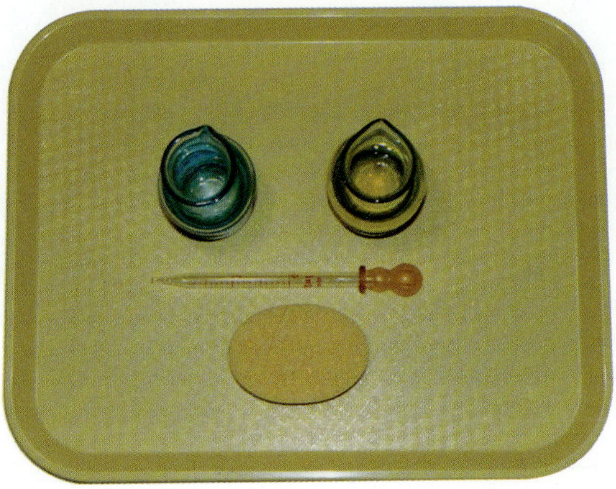

2. 대상연령 3세 이상

3. 목 적

직접목적 스포이트의 사용법을 익힌다.

간접목적 질서감, 협응력, 집중력, 독립심을 기른다.

4. 흥 미 점

- 스포이트의 고무 튜브를 눌렀다 놓았을 때 물이 튜브에 올라오는 것과 다시 고무 튜브를 누르면 물이 다시 빠져 나오는 것
- 물의 색깔, 물이 떨어지는 소리, 병의 뚜껑, 스펀지 물의 흡수
- 물이 담겨져 올라올 때 생기는 물거품과 물방울 소리
- 마지막 물을 빨아들일 때 나는 소리

5. 실수의 정정

- 스포이트로 물을 옮기며 물을 흘릴 때
- 마지막까지 옮기지 않을 때
- 교구 뒷정리를 잘하지 못했을 때

6. 제시방법

① 유아를 초대하여 활동명을 알려준다.
"이것은 스포이트 사용하기입니다."
② 먼저 스포이트를 사용하는 방법을 보여준다.
고무 튜브 부분을 오른손 엄지, 검지, 중지로 눌렀다 폈다 두 번 정도 반복한다.
③ 누른 스포이트를 물이 들어 있는 용기에 넣고 눌렀던 손가락에 힘을 빼고 물이 스포이트 안으로 들어오는 것을 본다.
④ 스포이트를 들어 스포이트 끝으로 떨어지는 물이 없을 때 오른쪽 용기로 옮긴다.
⑤ 용기에 스포이트를 넣어 스포이트를 눌러 물을 빼낸다.
⑥ 마지막 방울까지 같은 방법으로 왼쪽에서 오른쪽으로 옮기기를 반복한다.
⑦ 다시 오른쪽 용기의 물을 왼쪽으로 옮긴다.
⑧ 스펀지로 스포이트에 묻은 물기를 닦아내고 용기 앞에 놓는다.
⑨ 쟁반이나 책상에 떨어진 물도 닦아낸다.
⑩ 유아에게 권유한다.

7. 변형 및 응용

· 크기와 모양이 다양한 스포이트 사용하기
· 물의 색깔을 바꾼다.
· 스포이트로 나누어 옮기기

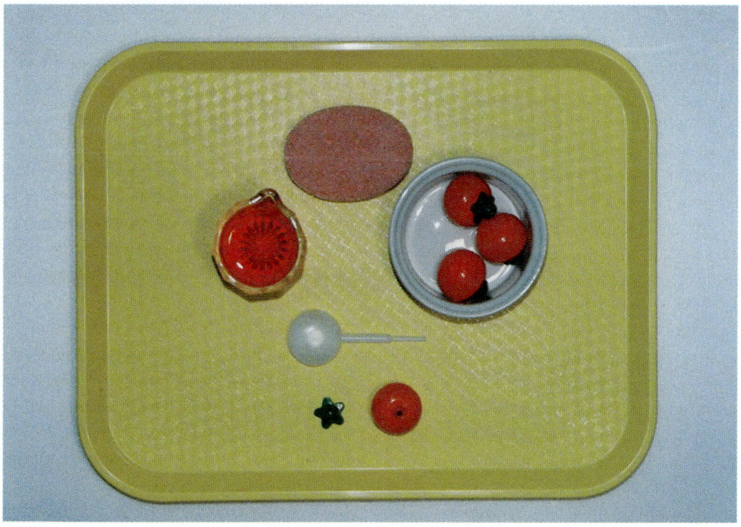

· 주사기로 옮기기

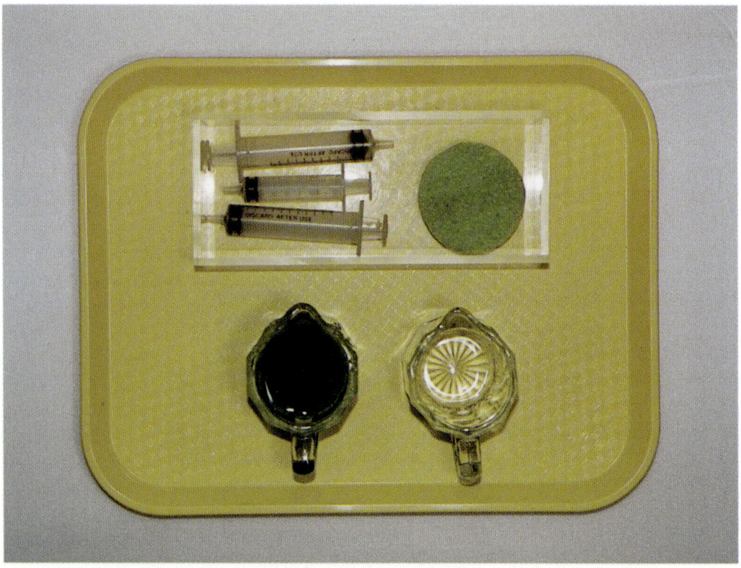

· 문어발처럼 생긴 비누 받침대에 작은 스포이트로 물을 한 방울씩 떨어뜨린다.

8. 비　고　큰 스포이트에서 작은 스포이트를 사용하도록 한다.

빨래 집게 사용하기

1. 교 구 바구니, 여러 개의 빨래 집게

2. 대상연령 3세 이상

3. 목 적

직접목적 빨래 집게 사용법을 익힌다.

간접목적 질서감, 협응력, 집중력, 독립심을 기른다.

4. 흥 미 점

· 누르면 서로 벌어지는 빨래 집게를 보는 것
· 바구니 가장자리에 꽂혀 있는 집게를 보는 것
· 다양한 빨래 집게의 모양과 색깔

5. 실수의 정정

· 빨래 집게를 떨어뜨릴 때
· 빨래 집게를 누를 때 손잡이 끝이 서로 닿지 않을 때
· 빨래 집게가 튕겨 나가는 것을 볼 때
· 빨래 집게가 바구니에 바로 꽂혀지지 않는 것을 볼 때

6. 제시방법

① 유아를 초대하여 활동명을 알려준다.
"이것은 빨래 집게 사용하기입니다."
② 빨래 집게 잡는 법을 천천히 보여 준다.
③ 오른손의 엄지와 검지, 중지로 빨래 집게의 끝 부분을 잡고 검지와 중지를 엄지쪽으로 힘껏 누른다.
④ 집게를 벌리고 오므려 사용법을 보여 준다.
⑤ 용기의 가장자리에 수직이 되도록 빨래 집게를 세워서 양쪽을 눌러 벌린다.
⑥ 바구니 가장자리에 꽂는다.
⑦ 손가락을 놓는다.
⑧ 같은 방법으로 나머지도 바구니 가장자리에 꽂는다.
⑨ 바구니가 비었는지 확인한다.
⑩ 같은 방법으로 빨래 집게를 뽑아 바구니 안에 넣는다.
⑪ 유아에게 권유한다.

7. 변형 및 응용

· 그림에 꽂아 보기

· 빨래 집게의 색, 재질, 크기, 모양을 변화한다.
· 종이 여러 장을 한데 모아 집기

· 색깔이 같은 빨래 집게를 같은 색깔끼리 짝지어 집어 보기
· 그림을 그린 후 젖은 종이를 빨래줄에 걸 때도 사용된다.
· 빨래하기 작업 후, 젖은 천을 빨래줄에 걸 때도 사용된다.

집게 사용하기

1. 교　구　크기가 같은 두 개의 용기, 내용물(밤, 부드러운 털공, 은행 등), 집게 (얼음집게, 빵집게)

2. 대상연령　3세 이상

3. 목　적

직접목적　집게로 물건을 떨어뜨리지 않고 옮기는 법을 배운다.

간접목적　질서감, 협응력, 집중력, 독립심을 기른다.

4. 흥 미 점
- 내용물의 모양과 색을 보는 것
- 내용물을 옮길 때 용기에 떨어지면서 나는 소리
- 집게를 사용해 보는 것

5. 실수의 정정
- 내용물을 바닥에 떨어뜨렸을 때

· 두 개씩 집을 때
· 집게 사용을 잘못했을 때

6. 제시방법

① 유아를 초대하여 활동명을 알려준다.
"이것은 집게 사용하기입니다."
② 집게 잡는 법을 천천히 보여준다.
③ 오른손으로 집게를 들어 세 손가락으로 잡고 열었다 닫았다 두 번 정도 사용법을 보여준다.
④ 왼손은 무릎 위에 올려놓고 집게로 왼쪽 용기에 담긴 내용물을 천천히 오른쪽 용기로 옮긴다.
⑤ 왼쪽 용기의 내용물을 다 옮길 때까지 용기를 기울이지 말고 옮긴다. "비었습니다."
⑥ 다시 오른쪽 용기의 내용물을 왼쪽 용기가 다 빌 때까지 옮긴다.
⑦ 집게를 용기 앞에 놓는다.
⑧ 유아에게 권유한다.

7. 변형 및 응용

· 여러 가지 다른 종류의 집게를 사용하는 것
(작은 집게, 핀셋, 쪽집게 등)

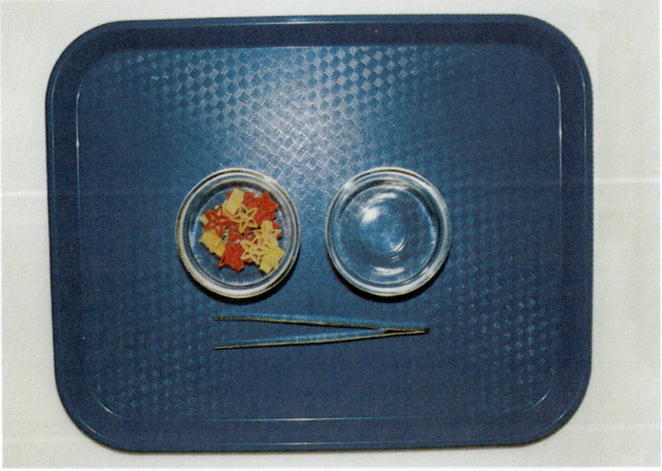

· 내용물을 바꾸어 주는 것(호도, 은행 등)
· 마른 해바라기를 놓고 작은 핀셋으로 해바라기 씨를 뽑아낸다. 이때 씨를 뽑는 양의 숫자를 제한해 주며 숫자카드를 준비한다.
· 구멍이 있는 판에 구슬을 핀셋이나 집게로 구멍에 집어 넣는다.

· 집게로 분류하기

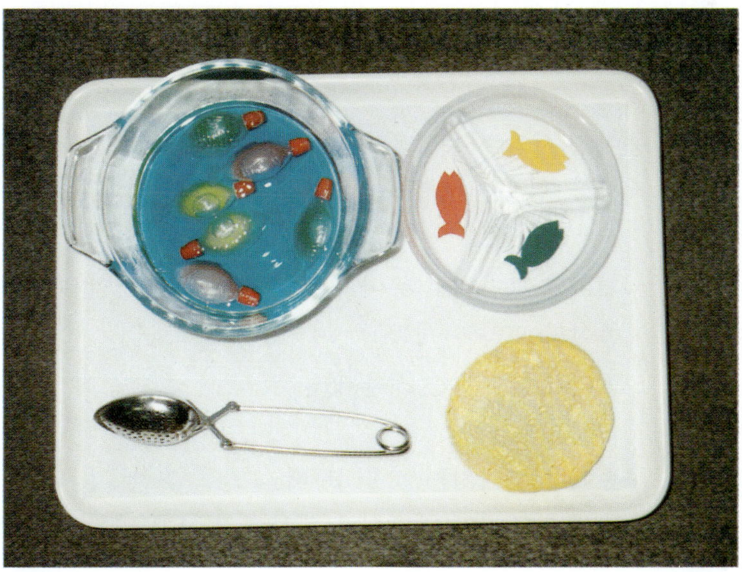

펀치 사용하기

1. 교　구　펀치, 종이, 종이 봉투, 쟁반, 작은 용기

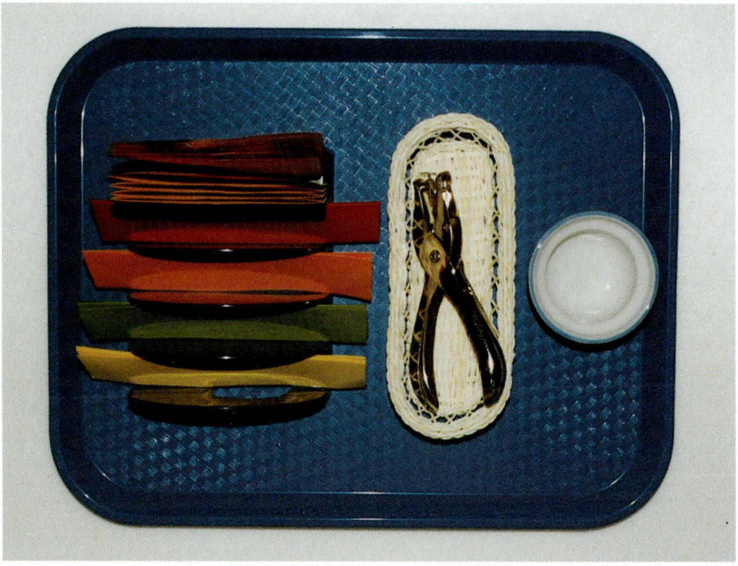

2. 대상연령　3.5세 이상

3. 목　적

직접목적　종이 펀치의 사용법을 익힌다.

간접목적　질서감, 협응력, 집중력, 독립심을 기른다.

4. 흥 미 점
- 펀치의 모양대로 종이가 찍어져 나오는 모양을 보는 것
- 종이의 모양과 색깔
- 종이가 뚫어지는 것을 보는 것

5. 실수의 정정
- 종이가 찢어지는 것을 볼 때
- 찍어낸 종이가 바닥이나 책상에 떨어져 있는 것을 볼 때

6. 제시방법

① 유아를 초대하여 활동명을 알려준다.
"이것은 종이 펀치 사용하기입니다."
② 펀치 잡는 법을 천천히 보여준다.
③ 오른손의 엄지와 네 손가락 사이에 펀치를 잡고 양쪽으로 힘껏 누른다.
④ 펀치를 벌리고 오므려 사용법을 보여준다.
⑤ 왼손으로 종이를 들고 펀치의 주둥이 사이에 종이를 넣는다.
⑥ 용기에 대고 펀치에 힘을 주어 종이를 찍어낸다.
⑦ 펀치를 놓는다.
⑧ 모양대로 찍힌 종이를 모아 봉투에 넣는다.
⑨ 유아에게 권유한다.

7. 변형 및 응용

· 다양한 모양의 펀치(원형, 하트형 등)

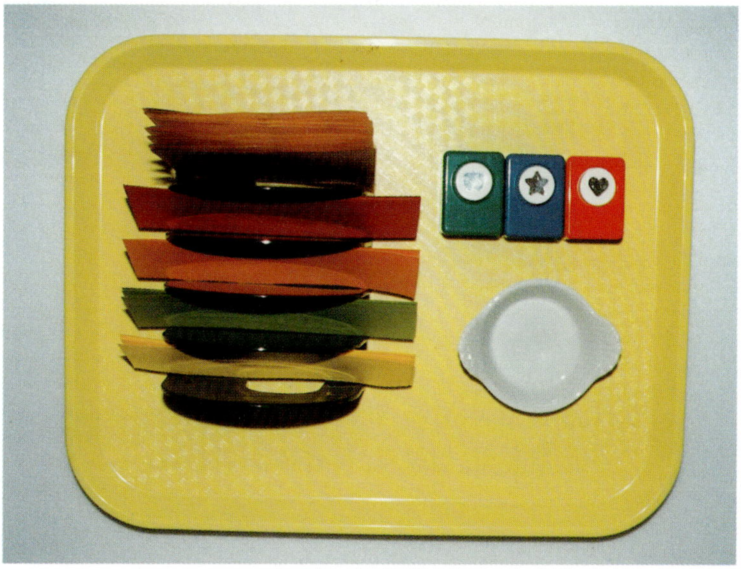

· 다양한 종이의 모양, 재질을 바꾸어 준다.
· 찍어낸 종이를 모아서 미술 창작 활동에 이용한다.
· 소책자 만들 때 펀치를 사용하여 구멍을 낸다.
단원에 맞는 그림(개구리, 닭, 꽃 등)을 준비한다.

병 뚜껑 열고 닫기

1. 교 구 바구니, 작은 매트, 빈 병(화장품)

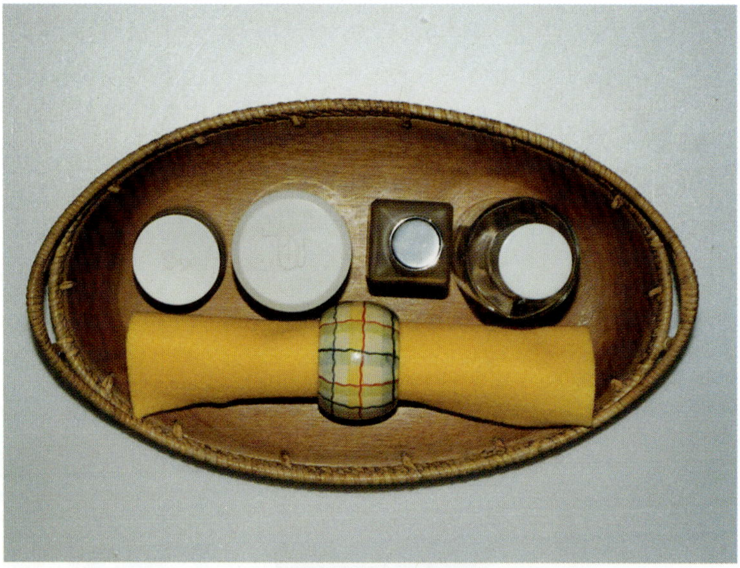

2. 대상연령 3.5세 이상

3. 목 적

직접목적 병 뚜껑을 열고 닫는 법을 익힌다.

간접목적 질서감, 협응력, 집중력, 독립심을 기른다.

4. 흥 미 점

· 다양한 병의 모양과 재질
· 매트 위에 병과 병 뚜껑이 분리되는 것을 보는 것
· 병 뚜껑을 열고 닫는 행동 그 자체

5. 실수의 정정

· 병과 병 뚜껑이 맞지 않는 것을 볼 때
· 병과 병 뚜껑이 맞지 않는 상태에서 교구장에 놓일 때
· 소리나게 놓을 때

6. 제시방법

① 유아를 초대하여 활동명을 알려준다.
"이것은 병 뚜껑 열고 닫기입니다."
② 매트를 편다.
③ 바구니에서 병을 하나씩 꺼내 왼쪽에서 오른쪽으로 나열해 놓는다.
④ 왼손으로 병을 한 개 잡고 오른손으로 병의 뚜껑을 잡고 한 바퀴 시계 반대 방향으로 돌렸다가 멈추고 다시 돌리는 동작을 반복하여 뚜껑을 연다.
⑤ 같은 방법으로 나머지 병들도 돌려 연다.
⑥ 병과 뚜껑이 분리되면 병은 위에 뚜껑은 아래에 나란히 나열 한다.
⑦ 왼손으로 병을 한 개 잡고 오른손으로 뚜껑을 잡고 시계 방향으로 한 바퀴 돌렸다가 멈추고 다시 돌리는 동작을 반복하여 뚜껑을 닫는다.
⑧ 같은 방법으로 나머지 병들도 뚜껑을 찾아 닫고 바구니에 넣는다.
⑨ 매트를 말아 바구니에 넣는다.
⑩ 유아에게 권유해 본다.

7. 변형 및 응용

· 병의 모양을 바꿔 준다.

· 바구니 대신 주머니, 화장 지갑 사용

나사 돌리기

1. 교　구　암나사와 수나사, 작은 매트, 쟁반

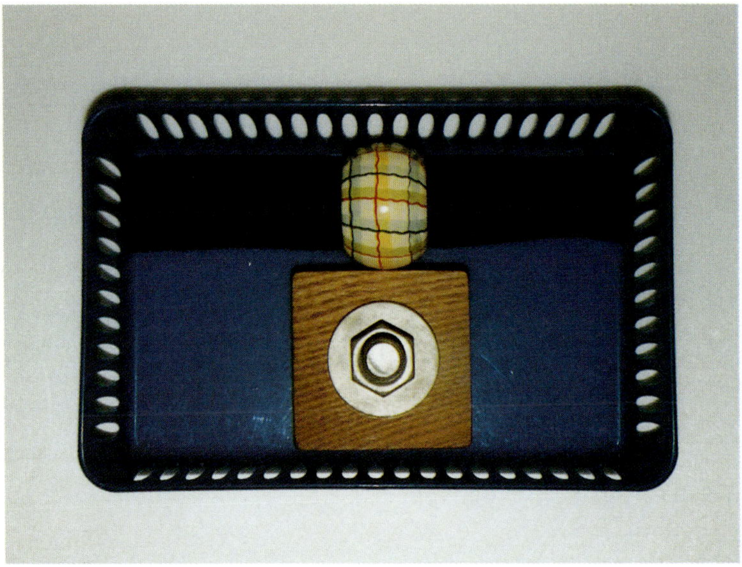

2. 대상연령　3세 이상

3. 목　적

직접목적　나사를 풀고 조이는 방법을 익힌다.

간접목적　질서감, 협응력, 집중력, 독립심을 기른다.

4. 흥미점

· 나사를 빼고 끼울 때의 움직임
· 다양한 나사의 모양과 크기를 보는 것
· 세 손가락을 사용해서 나사 풀고 조이기
· 암나사가 나사못에서 빠져 나오는 것을 보는 것
· 잠겨지는 나사를 보는 것

5. 실수의 정정

- 짝이 서로 맞지 않아서 나사가 어긋나거나 들어가지 않을 때
- 반대 방향으로 풀었을 때
- 반대 방향으로 조였을 때
- 나사를 끼우다 떨어뜨릴 때

6. 제시방법

① 유아를 초대하여 활동명을 알려준다.
"이것은 나사 돌리기입니다."
② 매트를 깐다.
③ 용기에서 나사를 한 개씩 꺼내 왼쪽에서 오른쪽으로 매트 위에 나열한다.
④ 왼손으로 수나사를 잡고 오른손으로 엄지와 검지, 중지로 암나사를 잡고 나사를 한 바퀴 시계 반대 방향으로 돌렸다가 멈추고 다시 돌리는 동작을 반복하여 뺀다.
⑤ 같은 방법으로 나머지 나사들도 돌려 뺀다.
⑥ 암나사와 수나사가 분리되면 수나사는 위에 암나사는 그 아래쪽에 나란히 배열한다.
⑦ 왼손으로 한 개의 수나사와 암나사를 골라 오른손의 엄지, 검지, 중지를 사용하여 나사를 한 바퀴 시계 방향으로 돌렸다가 멈추고 다시 돌리는 동작을 반복하여 잠근다.
⑧ 나머지 나사들도 같은 방법으로 짝을 찾아 용기에 넣는다.
⑨ 매트를 만다.
⑩ 유아에게 권유한다.

7. 변형 및 응용 · 나사의 모양, 재질, 크기를 바꾼다.

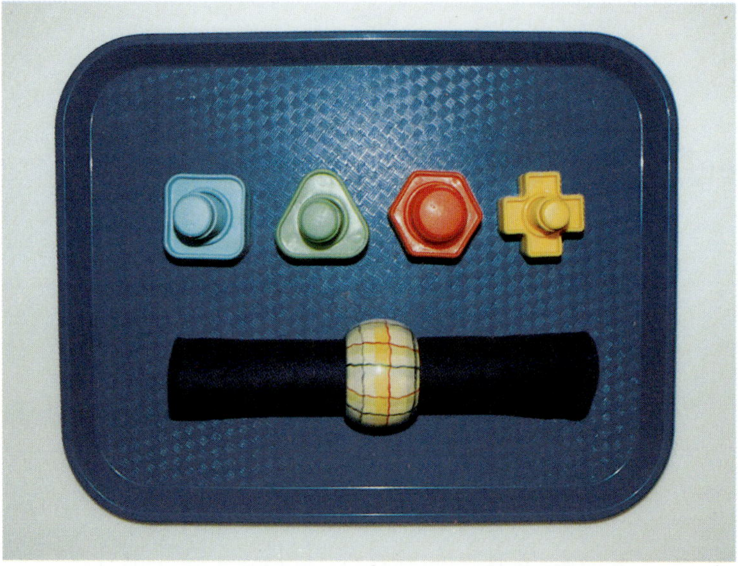

· 파이프와 그것을 연결시키는 나사

· 손전등 돌려 빼고 끼우기

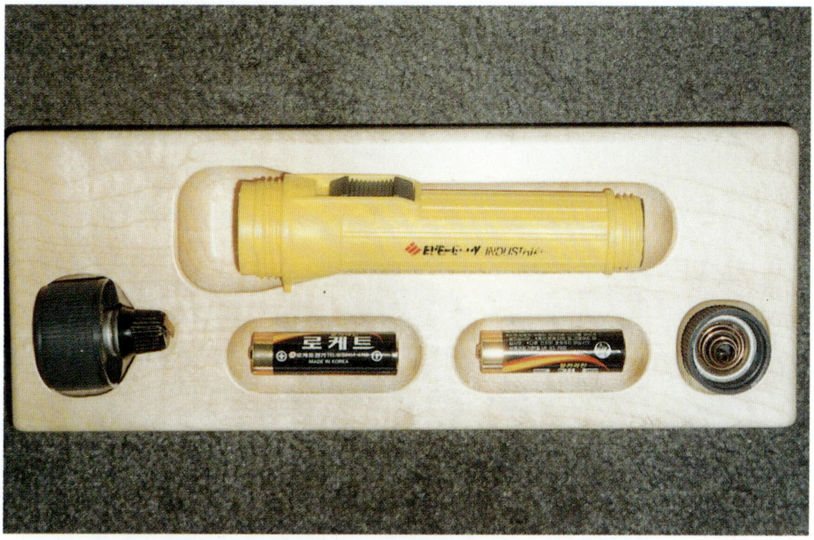

· 구멍이 뚫어진 판자 위에 수나사와 암나사를 끼우고 빼기
· 십자 또는 일자 드라이버를 사용해서 나사 끼우기

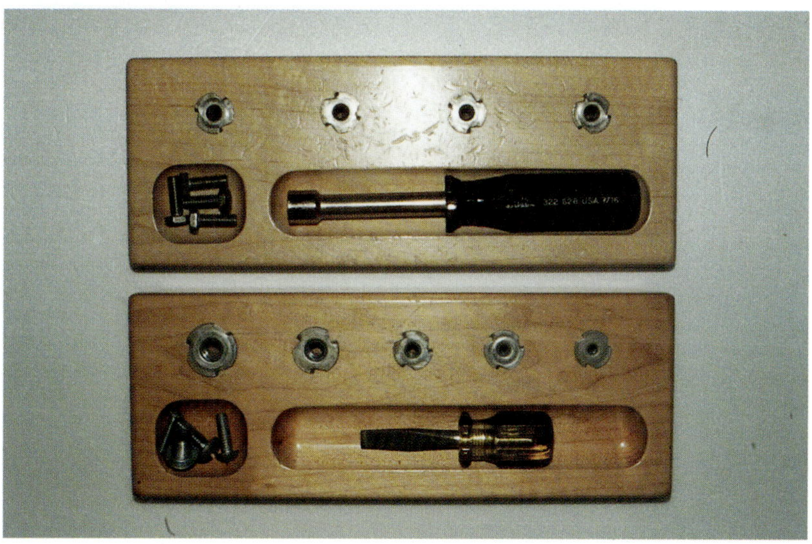

· 수도꼭지 열고 닫기, 시계 태엽 감기

자물쇠와 열쇠

1. 교　구　다양한 크기와 모양의 자물쇠와 열쇠, 바구니, 쟁반, 책상용 매트

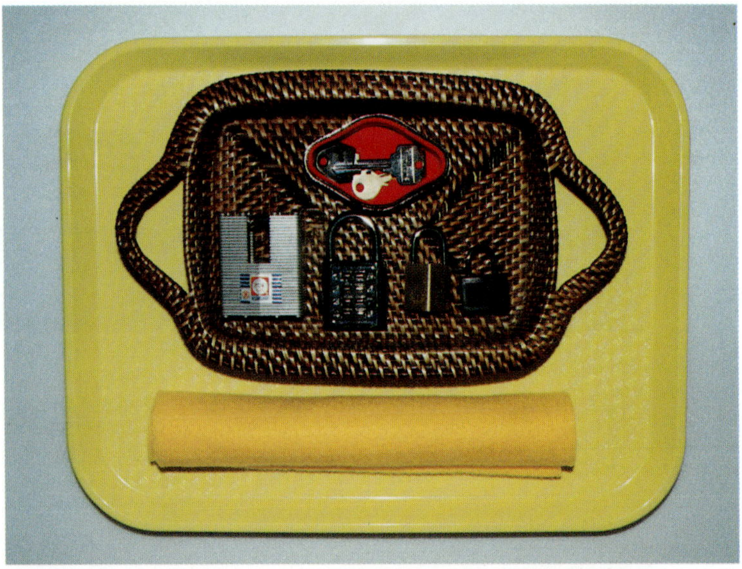

2. 대상연령　4세 이상

3. 목　적

직접목적　열쇠와 자물쇠의 사용법을 익힌다.

간접목적　질서감, 협응력, 집중력, 독립심을 기른다.

4. 흥미점

· 열쇠가 자물쇠 구멍으로 들어가는 것을 보는 것
· 자물쇠 고리가 위로 올라가는 것을 보는 것
· 자물쇠가 열릴 때 '찰칵' 소리를 듣는 것

5. 실수의 정정
· 열쇠, 자물쇠의 짝이 맞지 않을 때
· 떨어뜨려서 소리가 날 때
· 열쇠를 거꾸로 넣었을 때
· 집게손가락으로 누를 때 잘 잠겨지지 않을 때

6. 제시방법
① 유아를 초대하여 활동명을 알려준다.
"이것은 자물쇠 열기입니다."
② 매트를 깐다.
③ 바구니에서 자물쇠를 한 개씩 꺼내 왼쪽에서 오른쪽으로 매트 위에 나열한다.
④ 왼손으로 자물쇠를 한 개 잡고 오른손으로 열쇠를 한 개 골라 끼워 본다.
⑤ 열쇠를 돌려 자물쇠가 찰칵하고 소리를 내며 열리면 자물쇠의 고리를 왼쪽에서 오른쪽으로 180° 돌려 매트에 놓는다.

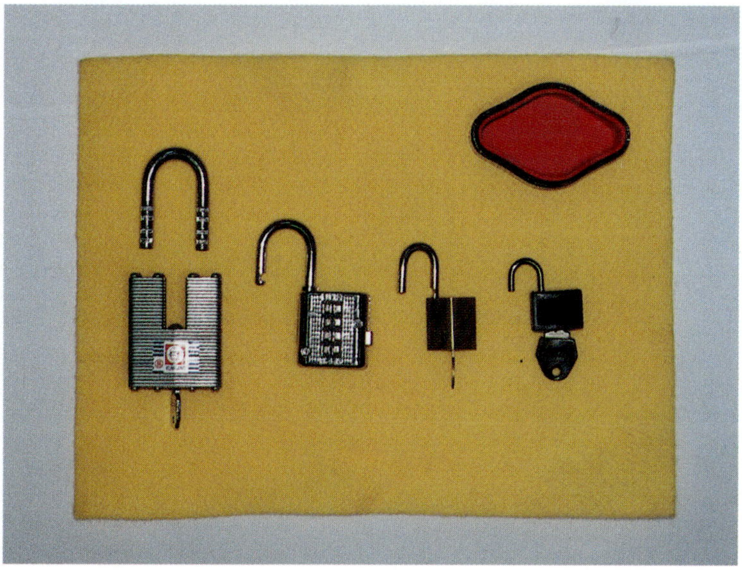

⑥ 같은 방법으로 나머지 자물쇠도 열어 매트에 나열한다.
⑦ 왼손 집게손가락을 사용하여 자물쇠를 잡고 고리를 누른다.
⑧ 오른손으로 열쇠를 돌려 자물쇠 구멍에서 뺀다.
⑨ 같은 방법으로 자물쇠와 열쇠가 모두 분리되면 바구니에 넣는다.
⑩ 매트를 만다.
⑪ 유아에게 권유한다.

7. 변형 및 응용
· 여러 가지의 문의 자물쇠
· 여러 가지 모양과 크기의 문고리 열고 닫기

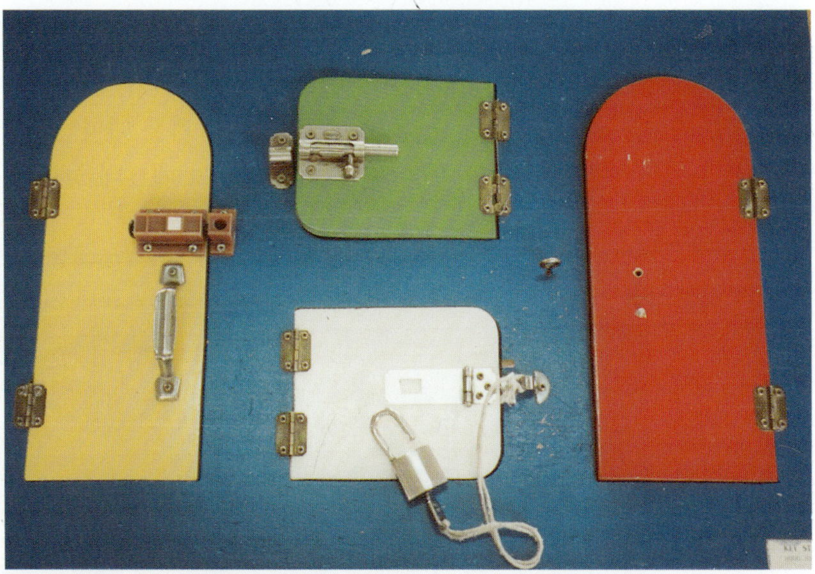

수건 짜기

1. 교 구 대야, 스펀지, 수건, 양동이, 피처

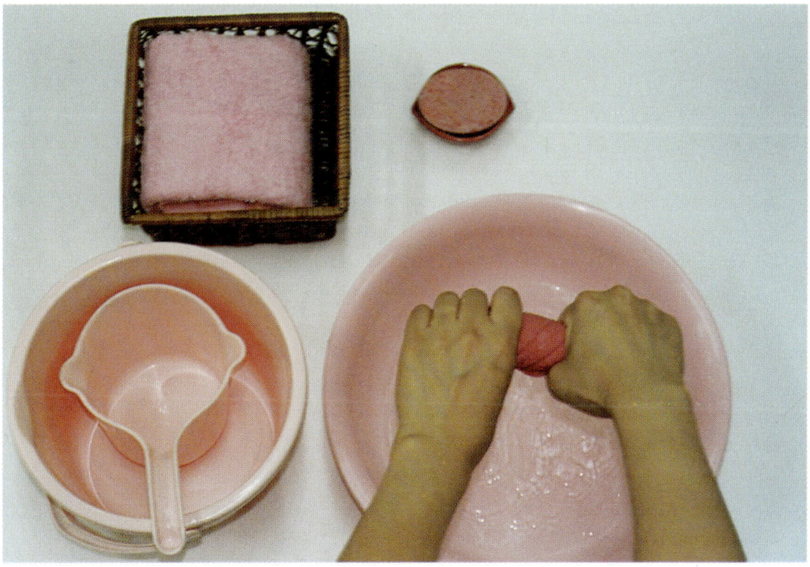

2. 대상연령 3.5세

3. 목 적

직접목적 ① 물을 엎질렀을 때 처리하는 방법을 배운다.
② 주변을 정리하는 습관을 기른다.

간접목적 질서감, 협응력, 집중력, 독립심을 기른다.

4. 흥 미 점

· 수건에 물이 스며드는 것을 보는 것
· 물을 흡수한 수건의 무게를 느껴 보는 것
· 수건을 비틀어 짜는 것

5. 실수의 정정

· 물이 밖으로 튀거나 흘렸을 때
· 활동을 마친 후 수건을 꽉짜지 않았을 때
· 교구를 제자리에 정돈해 놓지 않은 것을 볼 때

6. 제시방법

① 유아를 초대하여 활동명을 알려준다.
"이것은 수건짜기입니다."
② 싱크대로 가서 피처에 물을 받아온다.
③ 대야에 물을 붓는다.
④ 수건을 담근다.
⑤ 젖은 수건을 꺼내어 두 손으로 비틀어 짠다.
⑥ 수건을 건조대에 건다.
⑦ 물을 양동이에 부어 갖다 버린다.
⑧ 스펀지로 젖은 교구를 정리한다.

거품 내기

1. 교　구　쟁반, 용기, 액체 비누, 앞치마, 스펀지, 피처, 양동이, 타월(손타월과 바닥타월)

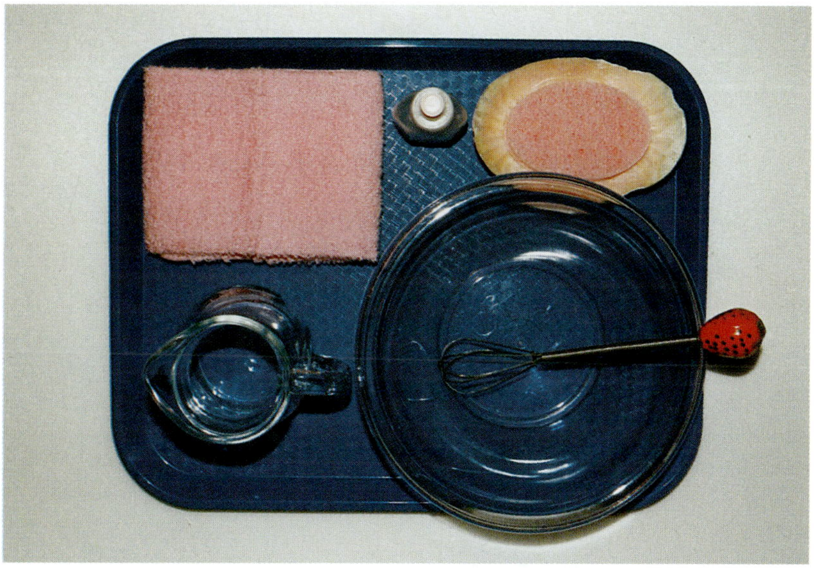

2. 대상연령　3~6세 이상

3. 목　적

직접목적　거품기의 사용법을 익힌다.

간접목적　질서감, 협응력, 집중력, 독립심을 기른다.

4. 흥 미 점

· 거품기의 모양
· 거품이 용기에 꽉 차 있는 모양을 보는 것
· 거품기를 세게 저으면 거품의 양이 많아지는 것을 보는 것

5. 실수의 정정

· 피처에 물을 받아 올 때 물을 흘리는 것
(피처에 선을 그어준다—색 테이프 이용)

· 작업을 하는 동안 옷소매가 젖는 것을 볼 때
· 거품이 쟁반, 책상에 튀었을 때
· 활동을 마치고 난 후, 교구 정돈이 잘 안 되었을 경우

6. 제시방법

① 유아를 초대하여 활동명을 알려준다.
"이것은 거품내기입니다."
② 앞치마를 입고 소매를 걷어올린다.
③ 피처를 들고 싱크대로 가서 물을 피처의 선까지 담아온다.
④ 피처의 물을 용기에 반 정도 붓고 비누를 두 방울 정도 물에 떨어뜨린다.
⑤ 왼손으로 대야를 잡고 오른손으로 거품기를 들어 물 속에 넣어 시계 방향으로 젓는다.
⑥ 거품이 일어날 때까지 젓는다.
⑦ 거품기를 놓고 용기의 물을 양동이에 붓는다.
⑧ 남은 피처의 물을 대야에 붓고 대야에 있는 거품을 씻어 양동이에 붓는다.
⑨ 양동이의 물을 싱크대로 가져가 붓는다.
⑩ 스펀지로 양동이, 피처, 거품기, 책상이나 쟁반에 떨어진 물을 닦아 내고 정리한다.
⑪ 손을 타월로 닦는다.
⑫ 앞치마를 벗어 제자리에 둔다.
⑬ 유아에게 권유한다.

7. 변형 및 응용

· 다양한 모양과 크기의 거품기를 사용하기
· 음식을 준비할 때 달걀 거품기를 사용하여 거품 내기
· 고체 비누를 강판에 갈아서 사용하기
· 위핑(whipping) 크림으로 거품 내기

가루 내기

1. 교 구 달걀 껍질, 약절구, 절구 방망이, 용기 2개, 솔, 쟁반, 작은 매트

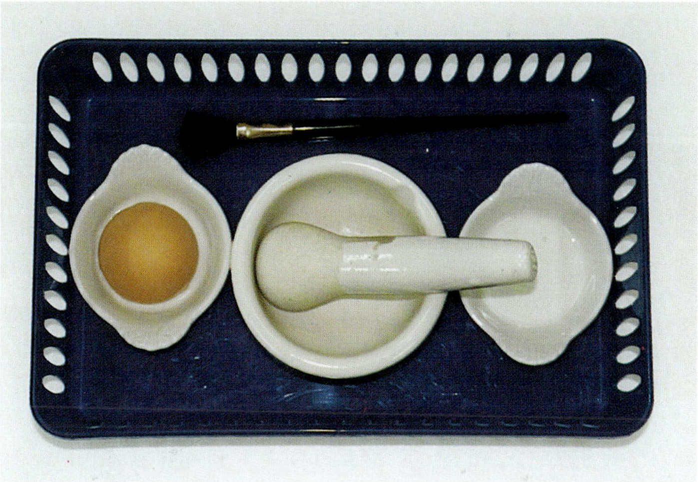

2. 대상연령 3~6세 이상

3. 목 적

직접목적 ① 손과 손목 힘의 강화와 유연성
② 가루 내는 방법을 익힌다.

간접목적 질서감, 협응력, 집중력, 독립심을 기른다.

4. 흥 미 점
- 절구와 절구 방망이(교구 자체), 달걀 껍질 갈 때 나는 소리
- 손목의 움직임

5. 실수의 정정
- (매트 사용시) 달걀 껍질 가루가 매트나 쟁반 위에 떨어질 때
- 내용물이 밖으로 튀어나오는 것
- 달걀 껍질이 곱게 갈아져 있지 않을 때
- 작업이 끝난 후 다른 유아를 위해 새 껍질을 그릇에 담아두지 않았을 때

6. 제시방법

① 유아를 초대하여 활동명을 알려준다.
"이것은 가루 내기입니다."
② 달걀 껍질을 절구에 넣는다.
③ 왼손으로 절구를 잡고 오른손으로 방망이를 잡는다.
④ 절구 방망이를 잡고 시계 방향으로 돌리면서 간다.
⑤ 방망이를 놓고 다 갈아진 가루를 용기에 붓는다.
⑥ 솔을 사용하여 나머지 가루도 깨끗이 쓸어 용기에 담는다.
⑦ 쟁반이나 책상 위에 가루가 떨어져 있으면 책상용 비와 쓰레받기로 쓸어 담는다.
⑧ 가루가 담긴 용기를 들고 가루를 모아두는 병에 붓는다.
⑨ 책상으로 돌아오면서 다음 유아를 위하여 새 껍질을 용기에 담아 온다.
⑩ 교구를 정리한 후 유아에게 권유한다.

7. 변형 및 응용

· 다른 내용물(깨, 굵은 소금)을 이용한다.
· 빵가루, 마른 꽃잎, 삶은 팥을 으깰 때(경단 만들기)
· 봉숭아를 빻아서 물들이기
· 커피 가루 내기

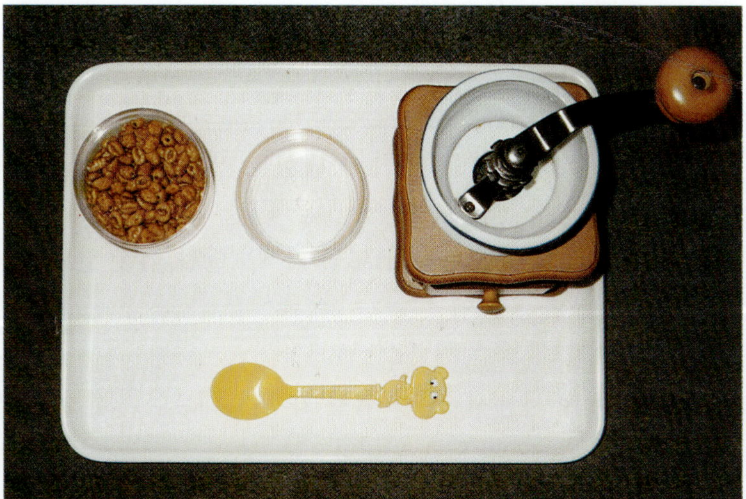

망치질하기

1. 교 구 딱딱하고 두꺼운 스펀지, 유아용 작은 망치, 못, 못을 담을 그릇, 쟁반, 매트

2. 대상연령 3~5세

3. 목 적

직접목적 못 박는 법을 배운다.

간접목적 질서감, 협응력, 집중력, 독립심을 기른다.

4. 흥미점

· 못과 망치의 생김새, 못 박을 때의 소리, 박는 그 자체
· 망치로 못을 두들기는 것
· 못이 스펀지로 들어가는 것을 보는 것
· 스펀지에서 못 빼내는 것

5. 실수의 정정

· 못이 비스듬히 박혀 있는 것을 볼 때
· 못이 박히지 않았을 때
· 큰 소리를 낼 때
· 망치로 손가락을 칠 때

6. 제시방법

① 유아를 초대하여 활동명을 알려준다.
"이것은 망치질하기입니다."
② 매트를 깐다.
③ 쟁반에서 스펀지를 꺼내 매트 위에 놓는다.
④ 용기에서 못을 한 개 꺼내 못을 올바르게 잡는 법을 보여준다.
⑤ 못을 스펀지에 대고 못의 머리 부분을 망치로 박는다.

⑥ 같은 방법으로 원하는 만큼 못을 박는다.
⑦ 오른손 세 손가락으로 못을 잡아 빼서 용기에 담는다.
⑧ 망치를 제자리에 놓고 매트도 만다.

7. 변형 및 응용

· 굵기가 다른 못을 사용
· 스펀지 대신 스티로폼, 콜크, 나무를 이용한다.

· 콜크판에 조각으로 여러 가지 디자인을 만들어 망치질한다.

· 골프티를 고무 찰흙에 망치로 박는다.

8. 비 고 · 손을 다치지 않도록 조심한다.
· 바닥에서 할 경우는 매트를 사용한다.

구슬 끼우기

1. 교　구　쟁반, 바구니, 구슬, 끈

2. 대상연령　3~5세 이상

3. 목　적

직접목적　구슬에 끈을 끼우는 방법을 배운다.

간접목적　질서감, 협응력, 집중력, 독립심을 기른다.

4. 흥미점

· 구슬의 색깔, 모양, 구슬의 구멍
· 끈을 구슬에 맞추어 끼우는 것
· 다 끼워진 구슬의 모양
· 구슬을 다시 빼서 바구니에 넣는 것

5. 실수의 정정 · 구슬에 끈이 잘 끼워지지 않은 것을 볼 때
· 끈에 구슬이 남은 채로 교구장에 정리되어 있는 것을 볼 때

6. 제시방법
① 유아를 초대하여 활동명을 알려준다.
"이것은 구슬 끼우기입니다."
② 오른손 세 손가락으로 끈의 왼쪽 끝에서 오른쪽 끝의 매듭이 있는 데까지 훑어서 실을 고르게 놓는다.
③ 오른손 세 손가락으로 끈을 쥐고 왼손으로 구슬을 잡아 끼운다.
④ 왼손으로 끈을 잡고 오른손으로 구슬을 끈의 매듭이 있는 곳까지 민다.
⑤ 같은 방법으로 구슬을 다 끼운다.
⑥ 다시 끈에 끼워졌던 구슬을 끈에서 한 개씩 빼서 바구니에 넣는다.
⑦ 끈을 왼손으로 잡고 오른손으로 감아 용기에 넣는다.
⑧ 유아에게 권유한다.

7. 변형 및 응용 · 크기와 모양이 다른 구슬 끼우기

· 내용물(단추, 마카로니 등)을 바꾸어 준다.

· 패턴 카드를 만들어서 패턴과 똑같은 모양과 순서로 끼워본다.

· 옷 핀에 마카로니나 구슬을 끼워 핀을 만들어 본다.

· 반지를 만들어 본다.

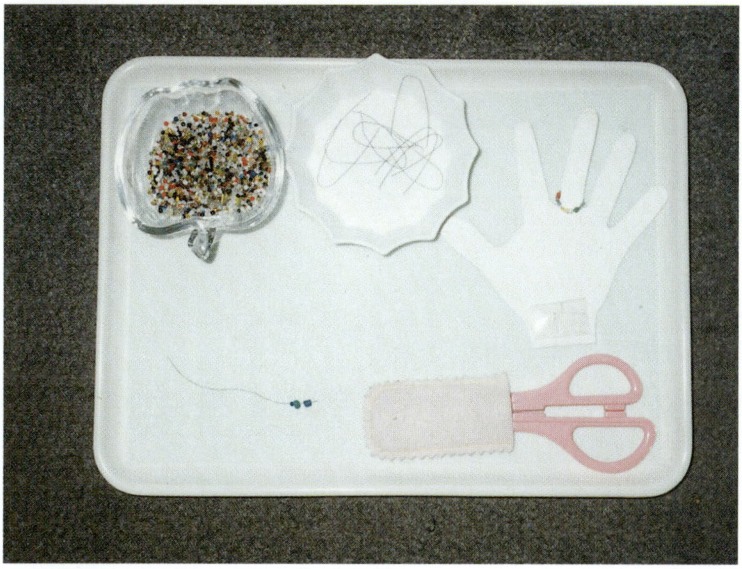

8. 비 고

· 끈의 굵기와 구슬의 구멍을 배려한다.
· 어린 유아를 위해 끝에 미리 매듭을 지어 놓는다.

바느질하기

1. 교 구 가위, 굵은 바늘, 바구니, 바늘을 꽂을 수 있는 쌈지, 실패, 굵은 실, 수틀, 도안이 된 천

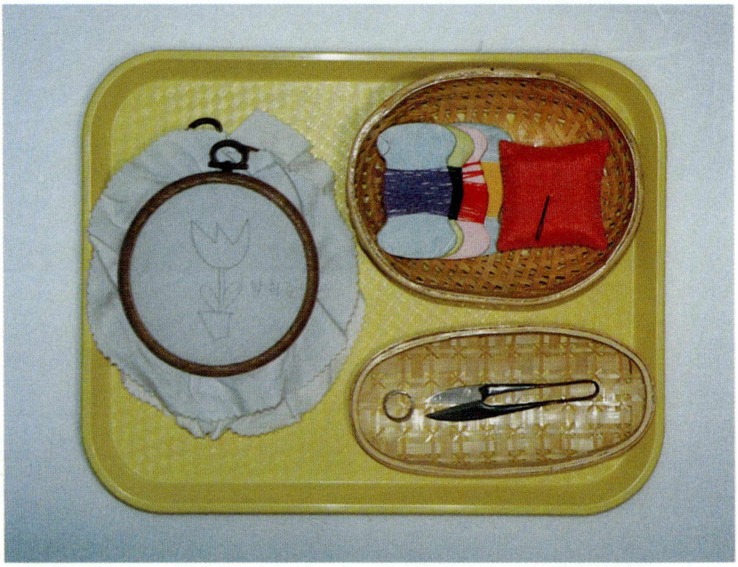

2. 대상연령 3~4세 이상

3. 목 적

직접목적 바느질하는 법을 익힌다.

간접목적 질서감, 협응력, 집중력, 독립심을 기른다.

4. 흥 미 점

· 꿰매는 일(겉과 안을 번갈아 접어서 바늘을 사용하는 것)
· 바느질을 함에 따라 모양이 완성되는 것을 보는 것
· 매듭 짓기

5. 실수의 정정

· 점을 빼놓고 건너뛰었을 때
· 겉과 안을 번갈아 바늘이 꿰어 있을 때

· 실을 지나치게 당길 때
· 도안에서 비켜 나갔을 때
· 매듭 처리가 잘 되지 않았을 때

6. 제시방법

① 유아를 초대하여 활동명을 알려준다.
"이것은 바느질하기입니다."
② 바늘 사용시 주의점을 이야기한다.
③ 천에 수틀을 끼운다.
④ 실패에서 실을 풀어 가위로 책상 길이만큼 자른다.
⑤ 쌈지에서 바늘을 꽂고 바늘귀에 실을 끼운다.
⑥ 실을 잡고 매듭을 짓는다.
⑦ 천에 도안된 그림을 따라 꿰맨다.
⑧ 매듭을 짓고 가위로 자른다.
⑨ 유아에게 권유한다.

7. 변형 및 응용

· 여러 가지 다양한 모양과 바느질법

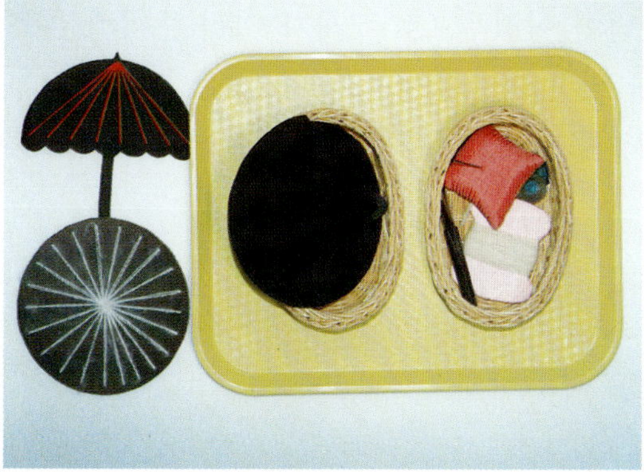

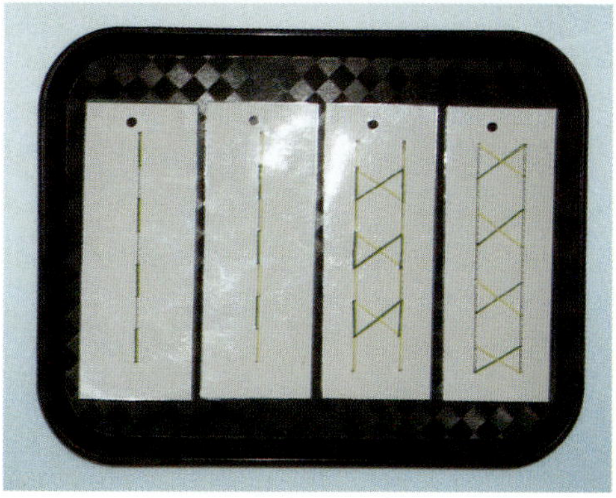

· 단추 달기

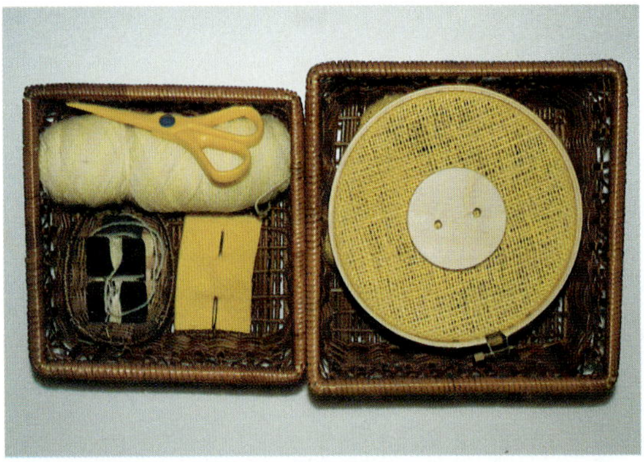

· 필름을 이용해 바느질하기

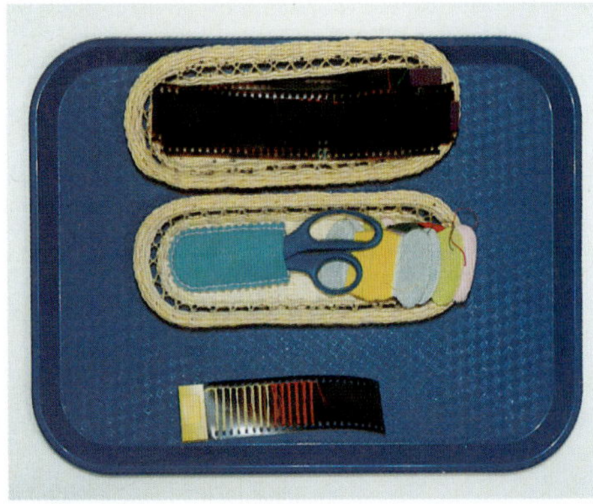

· 실패 감기

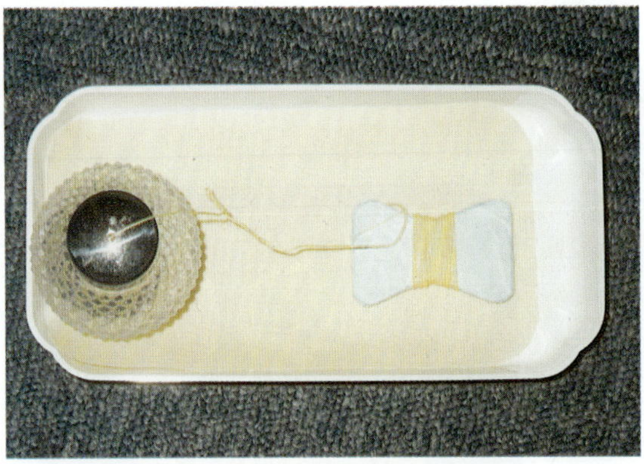

· 모양 감기

· 매듭 짓기

–바늘땀을 지나치게 촘촘히 하지 않도록 한다.

–유아에게는 매듭 만드는 법이 어려우므로 교사가 미리 준비해 주기도 하고 따로 매듭 짓기를 위한 카드를 준비한다.

–실은 굵은 실로 시작하여 가는 실을 사용한다.

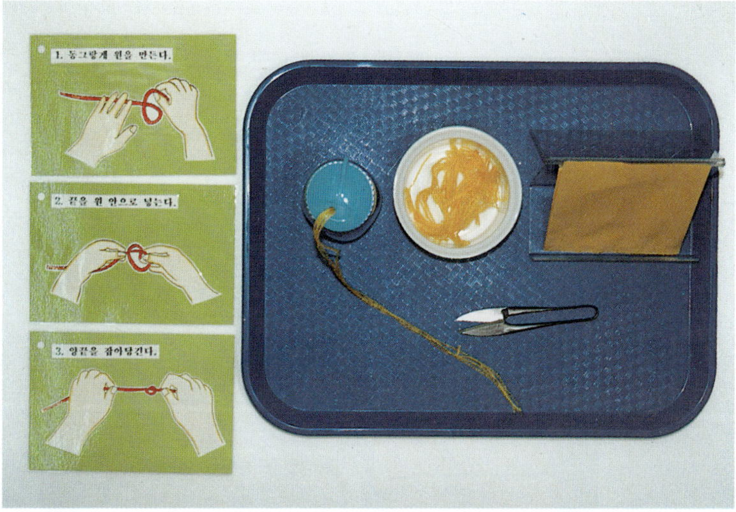

6. 비 고 바늘을 가지고 바느질하기 전에 구멍이 뚫린 모양 판에 끈으로 끼우기 연습부터 한다.

가위로 자르기

1. 교　구　가위, 쟁반, 자른 종이를 넣는 봉투, 다양한 선의 모양이 그려진 색종이 (직사각형 3×15㎝쯤)

2. 대상연령　3~5세

3. 목　적

직접목적　가위 사용법을 익힌다.

간접목적　질서감, 협응력, 집중력, 독립심을 기른다.

4. 흥 미 점

· 가위를 사용해서 자른다.
· 가위를 잡는 것
· 종이가 잘라진 것을 보는 것

5. 실수의 정정

· 가윗날의 맞물림이 어색하고 종이가 잘라지지 않을 때
· 선에서 비켜서 자를 때
· 활동을 마친 후에 종이를 책상 위나 바닥에 흘린 것을 볼 때

6. 제시방법

① 유아를 초대하여 활동명을 알려준다.
"이것은 가위로 자르기입니다."
② 오른쪽 엄지손가락을 가위의 작은 구멍에 넣고 검지와 중지는 큰쪽 구멍에 넣어 가위를 잡는 방법을 보여준다.
③ 가위를 열었다 닫았다 두 번 정도 보여준다.
④ 왼손 엄지와 검지, 중지로 종이 끝을 잡는다.
⑤ 그어진 선에 따라 종이를 자른 후 가위를 제자리에 놓는다.
⑥ 종이 조각을 봉투에 넣는다.
⑦ 유아에게 권유한다.

7. 변형 및 응용

· 다양한 선 자르기
· 다양한 종이를 자르기
· 여러 잡지책의 그림을 오려 붙이기
· 교사나 유아가 고안해 낸 단순한 디자인을 그린 종이를 자른다.

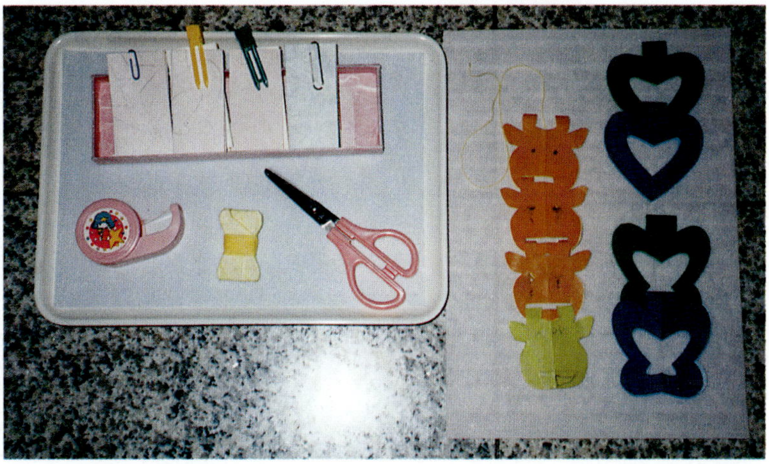

8. 비 고

· 교사는 가위 사용법을 정확히 알려 주어야 하며, 가위를 상대방에게 건네주는 방법을 지도하다. (가위의 손잡이가 상대방을 향하도록 건넨다.)
· 자른 종이 조각들을 한 곳에 모아 두어 미술 시간에 붙이기로 쓰면 좋다.
· 쉬운 단계에서 어려운 단계로 연습한다.

손수건 접기

1. 교 구 30㎝ 사방의 천 6종류(천은 얇지도 않고 두껍지도 않은 단색을 택한다. 각 천에는 아래의 도형과 같이 접은 선에 색실로 줄을 박아 놓는다.), 6종류의 천을 2~3장씩 넣어 놓는 상자 또는 바구니(천은 각 상자나 바구니에 접어서 넣어 둔다.)

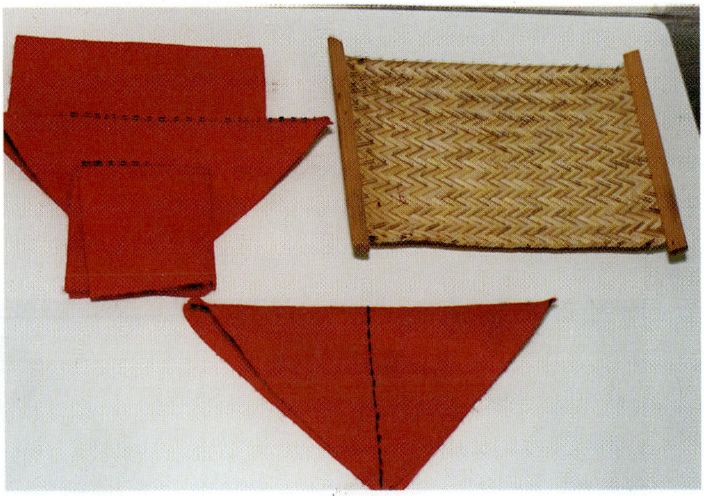

2. 대상 연령 3세 이상

3. 목 적

직접목적 손수건을 접고 펴는 기술을 습득한다.

간접목적 질서감, 협응력, 집중력, 독립심을 기른다.

4. 흥 미 점

· 선을 따라 접는다.
· 네 귀가 겹쳐서 맞추어지는 것을 보는 것
· 천의 질감, 천 위에 박아 놓은 스티치
· 점선을 손가락으로 그려보는 것
· 접은 손수건의 모양, 접었던 손수건을 펴는 것

5. 실수의 정정

· 접는 선이 나빠서 각이 포개지지 않을 때
· 비뚤어져서 평평하게 되어 있지 않을 때
· 박은 선이 접은 선 이외의 자리에서 나타날 때
· 손수건에 그려진 점선을 손가락으로 그리지 않고 접을 때

6. 제시 방법

· 유아를 초대하여 활동명을 알려준다.
"이것은 손수건 접기입니다."

방법 I　2등분

① 손수건을 양쪽 손으로 네 끝을 잡고 편다.
② 평평하게 한 후 박음선을 따라 오른쪽 둘째, 셋째 손가락으로 선을 따라 덧그린다.
③ 양손 손가락 끝으로 수건의 양끝을 잡고 위에서 아래로 수건의 아래쪽 양끝에 맞추어 접는다.
④ 왼손으로 수건의 왼쪽 가장자리에 대고 오른손으로 접은 선을 따라 왼쪽에서 오른쪽으로 덧그린다.

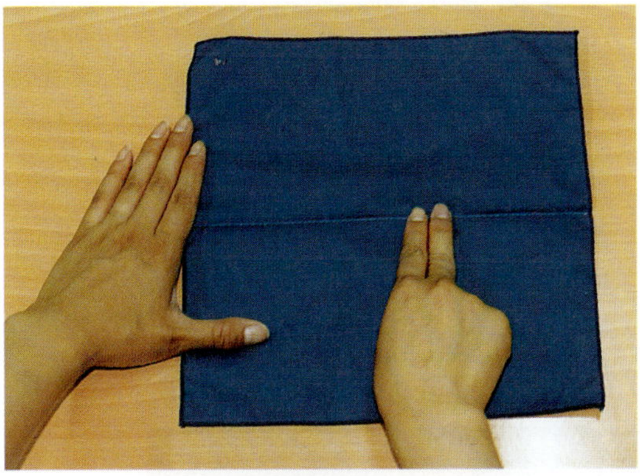
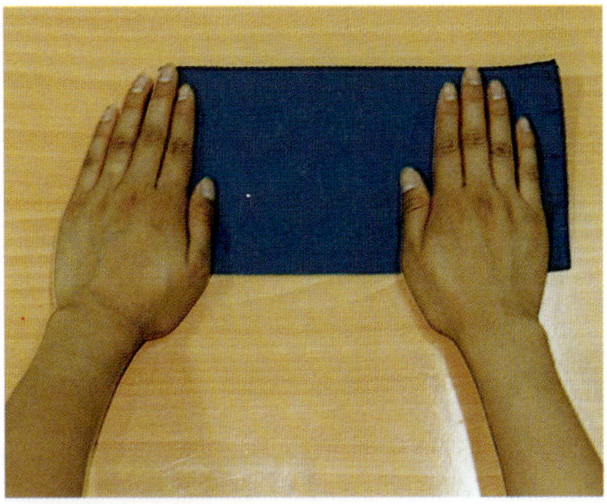

방법 II　4등분

① 2등분과 같은 방법으로 한다.
② 박음선을 따라 오른쪽 세 손가락으로 선을 그린다.
③ 양손 손가락 끝으로 수건의 양끝을 잡고 왼쪽에서 오른쪽으로 수건의 오른쪽 양끝에 맞추어 접는다.
④ 왼손으로 수건의 왼쪽 가장자리에 대고 오른손으로 접은 선을 따라 위에서 아래쪽으로 덧그린다.

⑤ 8등분도 같은 방법으로 한다.

방법 III　대각선 2등분

① 손수건을 양쪽 손으로 네 끝을 잡고 편다.
② 평평하게 한 후 박음선을 따라 왼쪽 아래에서 사선 방향으로 오른쪽 세 손가락으로 선을 그린다.
③ 오른손 손가락으로 수건의 왼쪽 끝을 잡고 오른쪽 아래쪽 끝으로 수건의 끝에 맞추어 접는다.
④ 왼손으로 수건의 왼쪽 가장자리에 대고 오른손으로 접은 선을 따라 덧그린다.
⑤ 왼손으로 삼각형으로 접어진 수건의 왼쪽 끝을 잡고 오른손 세 손가락으로 박음선을 따라 덧그린다.
⑥ 왼쪽 끝을 잡고 수건의 오른쪽 끝에 맞추어 접는다.
⑦ 왼손으로 수건의 왼쪽 가장자리에 대고 오른손으로 접은 선을 따라 덧그린다.
⑧ 대각선 4등분, 대각선 8등분도 같은 방법으로 한다.

7. 변형 및 응용

· 다양한 방법으로 접기
· 천, 종이, 냅킨을 접는다.
· 접는 선 표시가 없는 것을 사용한다.
· 옷 접기
· 색종이 접기

· 여행 가방 싸기

8. 비 고

접는 작업의 기본은 천, 종이 등의 재질에 관계없이 깨끗하고 정확하게 접는 일이다. 그렇기 때문에 접기 쉬운 방법을 제시하는 것이 중요하다. 가장 보편적인 방법은 자기의 몸에 대해 평행의 위치로 접는 선을 가지고 와서 오른손으로 왼쪽 → 오른쪽에 힘을 보태는 것에 따라서 접는 작업을 행하는 방법이다.

종이 접어 버리기

1. 교 구 종이, 휴지통

2. 대상연령 3세 이상

3. 목 적

직접목적 ① 종이를 접어 버리는 법을 익힌다.
② 쓰레기 버리는 법을 익힌다.

간접목적 질서감, 협응력, 집중력, 독립심을 기른다.

4. 흥 미 점 · 종이의 크기가 점점 작아지는 것을 보는 것
· 여러 가지 종이의 모양

5. 실수의 정정 종이가 잘 접히지 않은 것을 볼 때

6. 제시방법 ① 유아를 초대하여 활동명을 알려준다.
"이것은 종이 접어 버리기입니다."
② 종이 한 장을 꺼낸다.
③ 종이의 가로를 반으로 접는다.

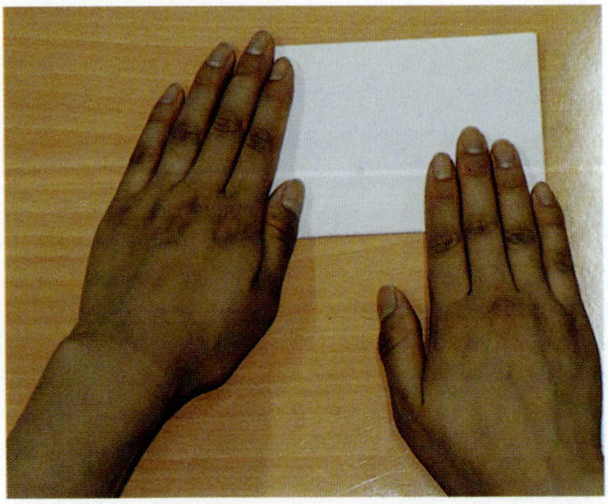

④ 세로로 반 접은 후 접은 종이를 돌돌 만다.

⑤ 오른손과 왼손으로 종이의 위와 아래를 잡고 비틀어 휴지통에 버린다.

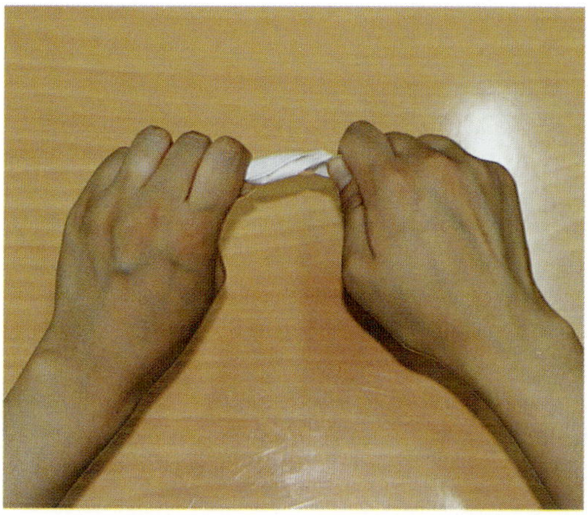

⑥ 유아에게 권유한다.

7. 변형 및 응용

· 간식을 먹은 후 냅킨 접어 버리기
· 일상 생활 영역 중 종이를 필요로 하는 다른 활동에서 응용하기

침묵놀이

1. 교 구　유아, 교사

2. 대상연령　2.5세 이상

3. 목 적

직접목적　유아 자신의 내적 조절 능력을 기른다.

간접목적　질서감, 집중력, 협응력, 독립심

4. 흥 미 점
· 눈을 감는다.
· 침묵을 지키는 그 자체
· 주위의 소리를 집중해서 듣는 것

5. 실수의 정정　침묵하지 않고 소리를 낼 때

6. 제시 방법
① 유아를 초대하여 침묵에 대해 이야기한다.
② 이때 교사는 낮은 목소리로 작게 이야기하여 침묵의 조용한 분위기를 만든다.
③ 눈을 감는다.
④ 주위의 소리에 귀를 기울이게 한다.
⑤ 눈을 뜬다.
⑥ 유아가 들은 소리에 대해 이야기를 나눈다.

7. 변형 및 응용　조용한 음악 감상하기

8. 비 고　처음에는 시간을 짧게 하여 조금씩 늘려간다.

선 따라 걷기

1.교　구　유아, 교사, 조용한 음악
교실 바닥의 선(색 테이프로 타원 모양으로 붙인다.)

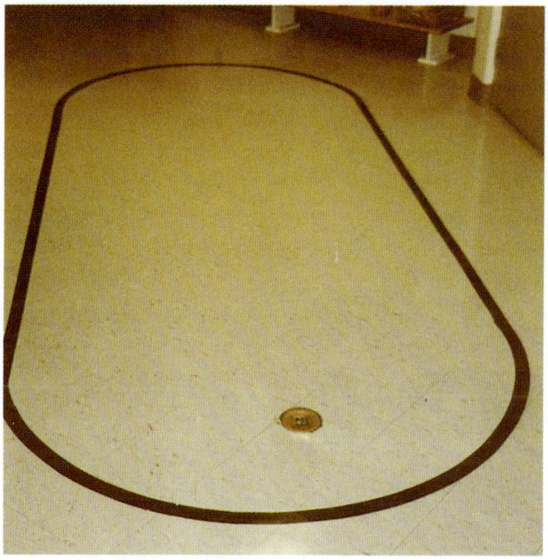

2.대상연령　2.5세 이상

3.목　적

직접목적　균형있는 신체 조절 능력을 기른다.
간접목적　질서감, 집중력, 협응력, 독립심

4.흥미점

· 발바닥에 선의 테이프가 닿는 느낌
· 발뒤꿈치와 발가락 끝이 서로 닿는 것
· 선을 따라 걷는 것

5. 실수의정정

· 선을 따라 걷지 않을 때
· 앞의 유아와 부딪힐 때
· 몸의 균형을 잃을 때

6. 제시방법

① 유아들을 선으로 모이게 한다.
② 교사가 시범 제시를 한다.
③ 신발과 양말을 벗어 그것을 두는 곳에 가져다 놓는다.
④ 선 위에 선다.
⑤ 오른발을 앞으로 내고 발뒤꿈치를 선 위에 댄다.
⑥ 발가락 끝을 내린다.
⑦ 왼발을 앞으로 내고 발뒤꿈치를 오른발 발가락 끝에 대며 내린다.
⑧ 이때 팔을 양옆으로 뻗는다(유아가 균형을 잡을 수 있을 때까지).

⑨ 위와 같은 방법으로 교사는 그어진 선을 따라 걷는다.
⑩ 조용한 음악에 맞추어 선 위를 걷는다.
⑪ 신발과 양말을 신는다.
⑫ 교사의 시범 제시 후 유아를 초대하여 같은 방법으로 걸어본다.

7. 변형 및 응용 · 팔의 위치를 바꾼다(뒷짐을 진다, 머리 위에 얹는다 등).

· 물체를 들고 걷는다(국기, 꼭지 원기둥, 콩주머니, 쟁반 등).

· 종이나 탬버린 등을 들고 소리나지 않게 걷는다.
· 평균대 위에서 걸어보기

제4그룹 자신에 대한 배려

1. 거울 보기
2. 머리 빗기
3. 옷 입고 벗어 걸기
4. 신발 신고 벗기
5. 손 씻기
6. 이 닦기
7. 코 풀기, 기침하기
8. 구두 닦기
9. 옷 틀
   - (1) 단추 끼우기
   - (2) 지퍼 올리고 내리기
   - (3) 스냅 단추 끼우기
   - (4) 버클 끼우기
   - (5) 끈 매기
   - (6) 안전핀 끼우기
   - (7) 리본 매기

여러 종류의 틀

거울 보기

1. 교　구　전신 거울

2. 대상연령　2.5세 이상

3. 목　적

직접목적　자신을 관찰하고 몸을 단장하는 법을 배운다.

간접목적　질서감, 협응력, 집중력, 독립심을 기른다.

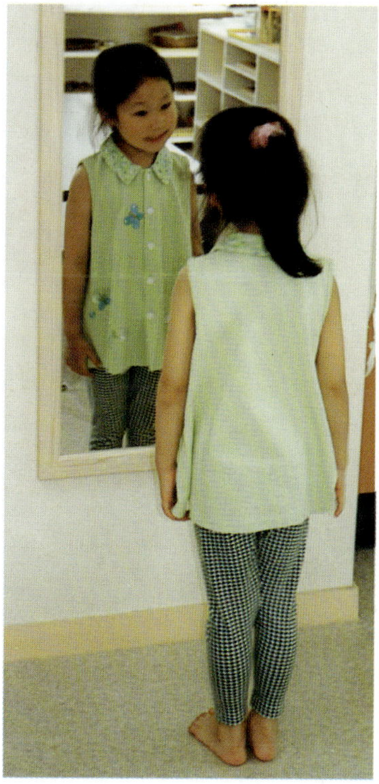

4. 흥 미 점　거울에 비친 자신의 모습을 보는 것

5. 실수의 정정　몸단장이 되어 있지 않은 것을 볼 때

6. 제시방법

① 유아를 초대해 활동명을 소개한다.
② 거울이 있는 곳으로 간다.
③ 전신 거울 앞에 서서 거울에 전신을 비추어 본다.
④ 옷과 머리 등 몸단장이 바르게 되었는지 앞, 옆, 뒤를 비춰본다.
⑤ 유아에게 비춰보게 해서 고칠 데가 있으면 고친다.

7. 변형 및 응용　손거울이나 상반신 거울을 사용한다.

8. 비　고　거울은 유아의 키에 맞추어 단다.

머리 빗기

1. 교 구 머리 빗, 거울, 휴지, 휴지통

2. 대상연령 2.5세 이상

3. 목 적

직접목적 머리 빗는 법을 익힌다.

간접목적 질서감, 협응력, 집중력, 독립심을 기른다.

4. 흥 미 점

· 빗을 사용하여 머리를 빗어 보는 것
· 엉킨 머리를 푸는 것

5. 실수의 정정

· 머리카락이 엉켜 있는 것을 볼 때
· 머리카락이 빗이나 책상 위에 떨어져 있는 것을 볼 때

6. 제시방법

① 유아를 초대해 활동명을 소개한다.
② 거울을 향해 앉는다.
③ 휴지를 한 장 꺼내 펼친다.
④ 빗을 들고 위에서 아래로 빗어 내린다.
⑤ 떨어진 머리카락을 휴지에 싸서 휴지통에 버린다.
⑥ 빗을 정리한다.
⑦ 유아에게 권유한다.

7. 변형 및 응용

· 다양한 모양의 빗과 거울을 사용한다(솔빗, 참빗 등).
· 머리핀을 준비하여 꽂아본다.
· 위생상 개인용 빗을 비치해 두기도 한다.

옷 입고 벗어 걸기

1. 교 구 단추가 있는 재킷이나 코트, 유아용 옷걸이

2. 대상연령 2.5세 이상

3. 목 적

직접목적 ① 옷을 바르게 입고 벗는 법을 익힌다.
② 자기 자신을 잘 돌볼 수 있게 한다.

간접목적 질서감, 협응력, 집중력, 독립심을 기른다.

4. 흥 미 점
· 두 팔을 둥글게 하여 머리 뒤로 넘긴다.
· 자기 스스로 옷을 입어 보는 것
· 옷을 거꾸로 놓고 입어 보는 것

5. 실수의 정정
· 옷을 평평하게 펼쳐 놓지 못할 때
· 단추나 지퍼가 제대로 채워지지 않을 때
· 옷을 옷걸이에 제대로 걸지 못할 때

6. 제시방법

방법 I 옷을 벗을 때
① 옷의 단추를 위에서부터 한 개씩 푼다.
② 한 손으로 반대쪽 어깨의 옷깃을 젖히고 소매를 당겨서 팔을 뺀다.
③ 다른 쪽도 같은 방법으로 팔을 빼서 옷을 벗겨 내린다.

방법 II 옷을 옷걸이에 걸 때
① 옷걸이를 가져온다.
② 옷을 바닥에 평평하게 놓는다.
③ 소매가 모두 나와 있는지 본다.

④ 양쪽 자락을 펼친 후 소매의 구멍을 보여준다.

⑤ 옷걸이를 한쪽 소매 구멍으로 넣고 다른 쪽도 끼운다.
⑥ 양쪽 어깨에 옷걸이를 맞추고 윗단추를 끼운다.
⑦ 옷걸이의 고리 부분을 잡고 건다.

방법 III 옷을 입을 때

① 옷이 걸려 있는 옷걸이를 가져와 바닥에 놓는다.
② 단추를 빼고 옷걸이를 뺀 후 제자리에 갖다 놓는다.
③ 양쪽 소매 자락을 옆으로 평평하게 놓는다.
④ 오른손을 왼손 위에 교차시켜 양손을 양쪽 소매 구멍에 넣는다.
⑤ 오른팔을 머리 뒤로 한 바퀴 돌려 양팔을 소매에 끼운다.

① 양쪽 소매 자락을 옆으로 평평하게 놓는다.
② 옷의 반대 방향의 앞으로 선다.
③ 왼손으로 왼쪽 소매 구멍을, 오른손으로 오른쪽 소매 구멍을 찾아 팔을 끼운다.
④ 팔을 앞으로 나란히 들어올려 한 번에 옷을 머리 뒤로 넘겨 입는다.

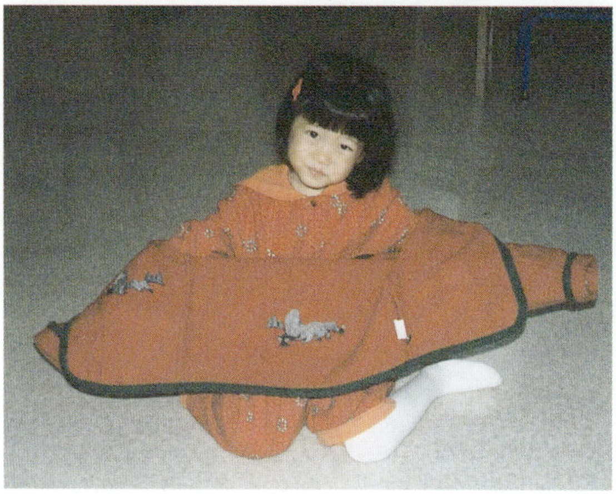

⑤ 단추를 끼운다.

7. 변형 및 응용
· 다양한 옷 입고 벗어 걸기
· 서로 친구 옷을 입혀주기
· 옷걸이에 옷 걸기

8. 비 고
팔을 둥글게 돌릴 때 주위의 사람을 치지 않게 공간을 둔다.

신발 신고 벗기

1. 교 구 신발

2. 대상연령 2.5세 이상

3. 목 적

직접목적 신발 신고 벗는 법을 배운다.

간접목적 질서감, 협응력, 집중력, 독립심을 기른다.

4. 흥 미 점 손가락을 신발 뒤꿈치에 끼워 넣을 때

5. 실수의 정정
- 신발을 꺾어 신는 것을 볼 때
- 신발을 좌우로 바꾸어 신을 때

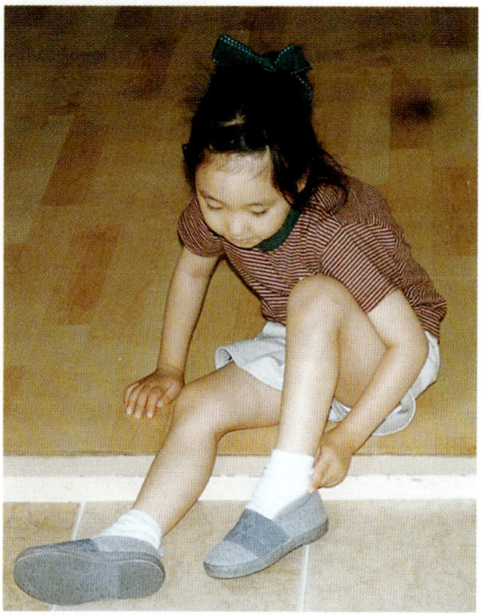

6. 제시방법
① 유아를 초대해 활동명을 소개한다.
② 신발을 가져다 자기 앞에 놓는다.
③ 신발의 좌우를 확인한다.
④ 한쪽 발의 신발 뒤꿈치에 손을 대서 뒤꿈치를 올린다.

⑤ 발을 신에서 뺀다.
⑥ 다른 발도 같은 방법으로 한다.
⑦ 신발을 가져다 신발장에 넣는다.

⑧ 신발의 좌우를 확인한다.
⑨ 한쪽 발을 같은 쪽 신발의 발끝부터 끼워 넣는다.

⑩ 세 손가락으로 신발의 뒤꿈치에 대고 발뒤꿈치를 끼운다.
⑪ 다른 발도 같은 방법으로 한다.
⑫ 유아에게 권유한다.

7 변형 및 응용 · 다양한 모양의 신발 신어보기
· 신발 정리하기

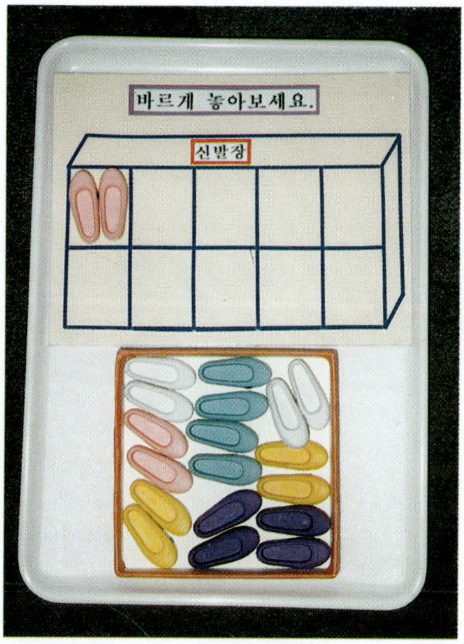

· 신발 바르게 놓기

손 씻기

1. 교　구　피처, 유아 크기에 맞는 대야, 비누, 비눗갑, 타월, 책상(손씻기용 대), 앞치마, 스펀지, 양동이

2. 대상 연령　3세 이상

3. 목　적

직접목적　손을 깨끗이 닦는 것을 배운다.

간접목적　질서감, 협응력, 집중력, 독립심을 기른다.

4. 흥 미 점

· 대야에 물을 따를 때 나는 소리, 물에 손을 담갔을 때의 감촉
· 비누를 만질 때의 감촉과 비누 냄새, 색깔, 모양
· 손을 비빌 때 비누 거품이 나오는 것을 보는 것
· 손을 닦고 난 후 물이 더러워진 것을 보는 것
· 손가락 하나하나를 돌려서 닦는 것
· 손을 다 씻고 난 후 깨끗해진 손을 보는 것

5. 실수의 정정
- 책상과 바닥에 물이 엎질러진 것을 보는 경우
- 비누를 너무 많이 칠한 것을 볼 때
- 타월로 손을 닦을 때 검은 때가 묻어나는 것을 볼 때
- 손을 닦고 난 후에도 비눗기가 남아 있는 것을 볼 경우

6. 제시 방법

① 유아를 초대하여 활동명을 알려준다.
"이것은 손 씻기입니다."
② 앞치마를 입고 피처를 싱크대로 가져가 물을 받아온다.
③ 물을 대야에 붓는다. 피처를 놓는다.
④ 양손을 물에 담근다. 손을 뒤집는다.
⑤ 비누를 오른손으로 집어 왼손 바닥에 놓고 비누를 묻힌 뒤 비누를 비눗갑에 넣는다.
⑥ 양손을 마주 대고 비빈다.
⑦ 손가락 한 개 한 개씩, 손등도 모두 비벼 씻는다.
⑧ 대야에 손을 담구어 비눗기를 완전히 없앤다.
⑨ 타월로 손의 물기를 닦는다.
⑩ 대야에 담긴 물을 양동이에 따른다.
⑪ 양동이를 싱크대로 가져가 물을 버리고 책상으로 가져온다.
⑫ 스펀지로 양동이와 피처, 대야의 물기를 닦고 책상 위의 물기도 닦는다.
⑬ 손을 타월로 닦고 앞치마를 제자리에 둔다.
⑭ 유아에게 권유한다.

7. 변형 및 응용
- 세숫대야 대신 세면대를 이용한다(피처를 사용하는 대신, 수도꼭지를 돌리는 것을 가르쳐 주고 양동이에 물을 버리는 대신, 세면대 마개를 열고 닫는 것을 가리켜 준다).
- 비누를 다양하게 바꾸어 준다(고체, 액체 비누).
- 손을 씻고 난 후 로션 바르기
- 손톱용 솔로 손톱 닦기

이 닦기

1. 교 구 치약, 칫솔, 물컵, 유아 눈 높이의 거울, 수건, 스펀지

2. 대상연령 2.5세 이상

3. 목 적

직접목적 이를 바르게 닦는 법을 배운다.

간접목적 질서감, 협응력, 집중력, 독립심을 기른다.

4. 흥 미 점

· 이를 닦는 것
· 치약 냄새와 맛

5. 실수의 정정

· 칫솔에 치약이 남아 있는 것을 볼 때
· 칫솔을 씹을 때
· 치약을 너무 많이 사용할 때

6. 제시방법

① 유아를 초대해 활동명을 소개한다.
② 세면대 거울이 있는 곳으로 간다.

③ 왼손에 치약을 들고 오른손에 칫솔을 잡아 치약을 적당량 짠다.
④ 앞쪽 윗니부터 위에서 아래로 손목을 흔들며 닦는다.
⑤ 앞쪽 아랫니는 아래에서 위로, 뒤쪽 윗니, 아랫니는 왼쪽 오른쪽을 왔다갔다 하면서 닦는다.
⑥ 어금니도 같은 방법으로 닦은 후 물로 헹군다.
⑦ 수건으로 입을 닦는다.
⑧ 칫솔과 치약을 정리하고 물컵도 정리한다.
⑨ 더러워진 싱크대도 깨끗하게 스펀지로 닦아 정리한다.
⑩ 유아에게 권유한다.

7. 변형 및 응용

· 다양한 맛의 치약을 사용한다.
· 소금을 사용한다.
· 치아 모형을 칫솔로 닦아 본다.

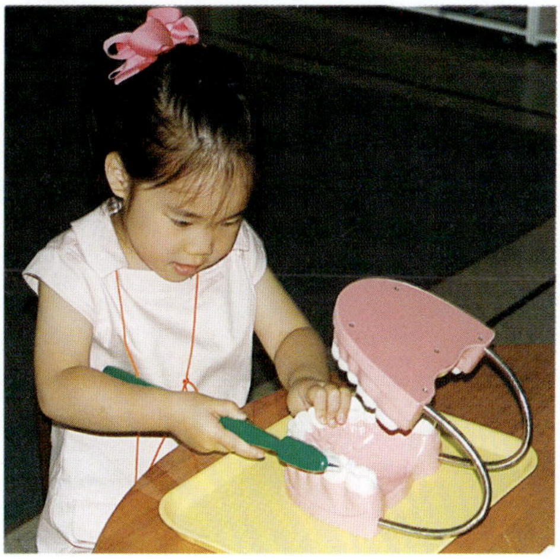

9. 비 고

유아의 개인용 칫솔과 빗을 보관하는 장소를 정해주며 교사가 수시로 깨끗이 씻어 소독한다.

코 풀기, 기침하기

1. 교 구 휴지나 손수건

2. 대상연령 2.5세 이상

3. 목 적

직접목적 ① 타인을 배려하면서 예의 범절을 익힌다.
② 자기 자신을 위생적으로 관리하는 것을 배운다.

간접목적 질서감, 협응력, 집중력, 독립심을 기른다.

4. 흥 미 점
· 휴지를 반으로 접는 것
· 한쪽 콧등을 살짝 누르고 푸는 것

5. 실수의 정정
· 두 코를 동시에 막고 풀 때
· 코를 너무 세게 풀어서 귀가 멍멍해질 때
· 휴지를 휴지통에 버리지 않았을 때
· 코를 풀지 않고 마실 때
· 너무 큰소리를 낼 때
· 입을 손으로 가리지 않았을 때

6. 제시방법

방법 I 코 풀기
① 휴지를 가져와 책상 위에 편다.
② 휴지를 반으로 접는다.
③ 휴지를 양손에 올려 놓고 코 가까이에 댄다.
④ 한쪽 코를 막고 코를 푼다.

⑤ 휴지를 접어 다른 한쪽도 푼다.
⑥ 휴지를 또 한 번 접어 코 주위를 잘 닦는다.
⑦ 휴지를 작게 접어 휴지통에 버린다.

방법 II　　기침하기

① 휴지를 가져온다.
② 기침이 나올 때 어떻게 해야 하는지 이야기한다.
③ 손을 컵 모양으로 해서 코 밑에 댄 다음 얼굴을 돌린다.

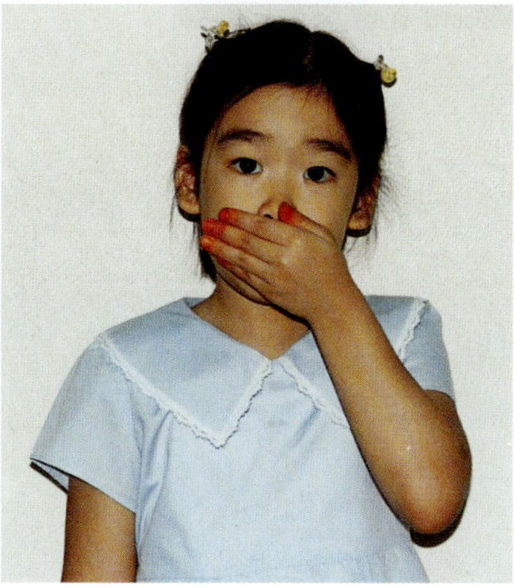

④ 기침을 한 후 휴지로 손을 닦는다.
⑤ 교사는 기침할 때 왜 손으로 입을 막아야 하는지 설명한다. 침이나 콧물에는 병균이 있기 때문에 다른 사람에게 병균을 옮긴다는 것을 알려주고 손을 깨끗이 씻게 한다.

7. 변형 및 응용 하품할 때, 재채기할 때의 방법을 지도한다.

구두 닦기

1. 교 구 구두, 구두약, 솔, 비닐 매트, 쟁반 또는 상자, 헝겊, 스펀지, 앞치마

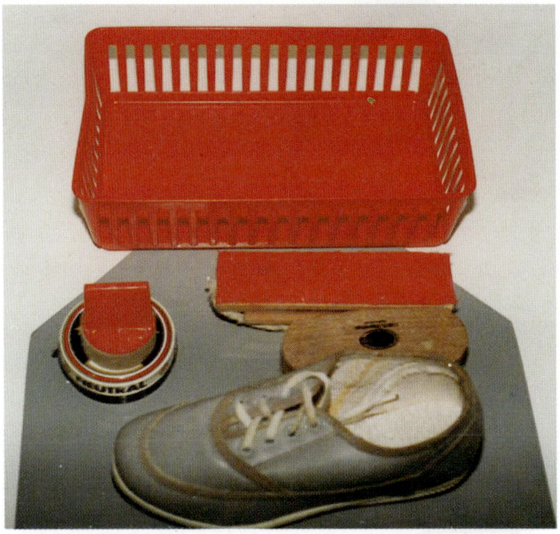

2. 대상연령 3.5세 이상

3. 목 적

직접목적 ① 구두 닦는 법을 익힌다.
② 주변을 청결히 하는 습관을 기른다.

간접목적 질서감, 협응력, 집중력, 독립심을 기른다.

4. 흥 미 점

· 구두약의 색깔, 냄새
· 솔로 먼지를 털어 내는 것
· 솔로 구두를 털 때 나는 소리
· 구두에 구두약을 칠하는 것
· 구두에서 윤이 나는 것을 보는 것

5. 실수의 정정
· 매트, 책상 위에 구두약이 묻어 있는 것을 볼 때
· 구두를 다 닦은 후에도 약이 묻어 있는 것을 볼 때

6. 제시방법
① 유아를 초대하여 활동명을 알려준다.
"이것은 구두 닦기입니다."
② 매트를 책상 위에 편 후 바구니 안에 있는 교구를 매트 위에 꺼내 나열한다.
③ 왼손을 구두 안에 넣고 오른손으로 솔을 잡아 구두의 먼지를 털어 낸다.
④ 솔을 제자리에 놓는다.
⑤ 그릇에 약을 두 방울 정도 떨어뜨린 후 면봉에 약을 묻혀 구두의 앞, 뒤, 옆면을 골고루 문지른다.
⑥ 헝겊을 세 손가락에 끼워 넣고 구두의 앞면, 뒷면, 옆면을 골고루 닦는다.
⑦ 닦은 후 구두가 반짝반짝 해졌는지 들고 본다.
⑧ 면봉은 쓰레기통에 버리고 헝겊은 사용한 헝겊을 모아두는 곳에 갖다 두고 다음 사람을 위해 헝겊과 새 면봉으로 교환한다.
⑨ 매트 위에 약이 묻었으면 스펀지로 닦는다.
⑩ 매트를 말고 교구를 정리하여 제자리에 갖다 둔다.
⑪ 손을 씻고 앞치마를 접어 제자리에 둔다.

7. 변형 및 응용
· 다양한 모양의 구두 사용
· 자기가 신고 있는 구두, 친구의 구두, 부츠 등을 닦는다.
· 여러 가지 색깔의 구두와 광택약을 사용한다.

8. 비 고
· 약을 먹지 않도록 유아에게 충분히 설명한다.
· 바구니에다 모든 교구를 넣어 두고 매트 신문지를 사용하기도 한다.

단추 끼우기

1. 교 구　단추 끼우기 틀

2. 대상연령　3세 이상

3. 목 적

직접목적　단추를 끼우고 푸는 기술을 습득한다.

간접목적　① 질서감, 협응력, 집중력, 독립심을 기른다.
② 쓰기를 위한 간접적 준비

4. 흥 미 점
· 단추가 단추 구멍 안으로 나오는 것을 보는 것
· 단추의 모양과 색깔

5. 실수의 정정
· 단추를 끼울 때 엇갈려서 끼운 것을 볼 때
· 단추가 구멍에 잘 들어가지 않을 때

6. 제시방법
① 유아를 초대하여 활동명을 알려준다.
"이것은 단추 끼우기입니다."
② 틀의 윗단을 오른쪽으로 놓는다.
③ 왼쪽 세 손가락으로 단추 구멍의 가장자리를 잡는다.

④ 오른손 세 손가락으로 단추를 잡고 단추 구멍 속으로 반쯤 밀어 넣는다.

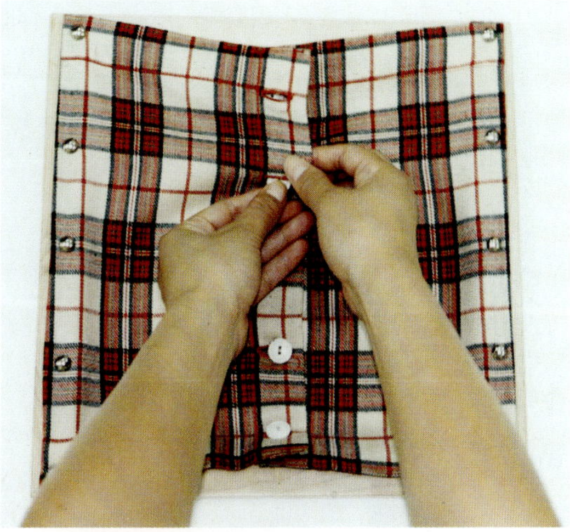

⑤ 왼손 세 손가락으로 반쯤 밀려나온 단추를 잡고 오른손 세 손가락으로 헝겊을 잡아서 벌린다.

⑥ 같은 방법으로 위에서 아래로 마지막 단추까지 연 후 단추 구멍이 있는 헝겊의 단을 양손으로 잡아 오른쪽으로 펼친다.

⑦ 단추가 달린 왼쪽 헝겊의 단도 왼쪽으로 펼친다.

⑧ 다시 왼쪽 단을 틀 중앙으로 놓고 오른쪽 단을 올려놓는다.

⑨ 왼쪽 세 손가락으로 단추를 잡고 오른손 세 손가락으로 단추 구멍을 잡아 단추를 반쯤 구멍으로 밀어 넣는다.

⑩ 오른손으로 단추를 잡아 당겨 단추를 구멍에서 빼낸다.

⑪ 같은 방법으로 위에서 아래로 마지막 단추까지 끼운다.

⑫ 유아에게 권유한다.

7. 변형 및 응용

· 크기가 다른 단추를 사용하기
· 모양이 다양한 단추를 이용하기
· 조끼를 사용하기
· 자기 옷에 단추 끼우기
· 친구 옷에 단추 끼워주기

지퍼 올리고 내리기

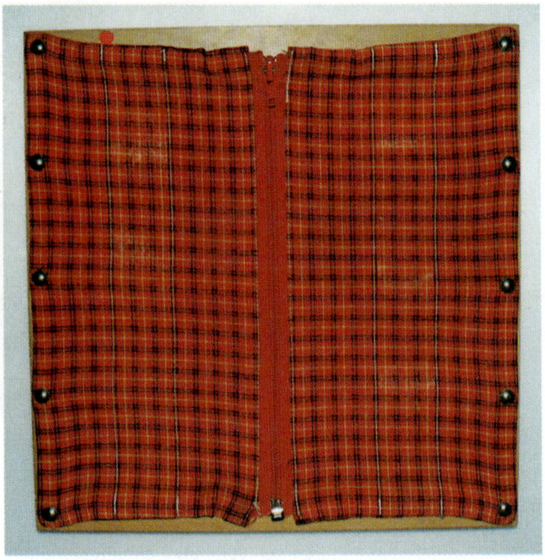

1. 교 구　지퍼 틀

2. 대상연령　3.5세 이상

3. 목 적

직접목적　지퍼를 올리고 내릴 수 있는 기술을 습득한다.

간접목적　질서감, 협응력, 집중력, 독립심을 기른다.

4. 흥 미 점

· 지퍼를 올리고 내릴 때 나는 소리
· 지퍼를 닫을 때 양쪽 쇠부분을 맞추어 끼우는 것
· 지퍼의 닫혀진 모습을 보는 것

5. 실수의 정정

· 지퍼의 시작 부분이 이가 잘 맞지 않는 것을 볼 때
· 지퍼가 잘 올려지지 않는 것을 볼 때

6. 제시방법

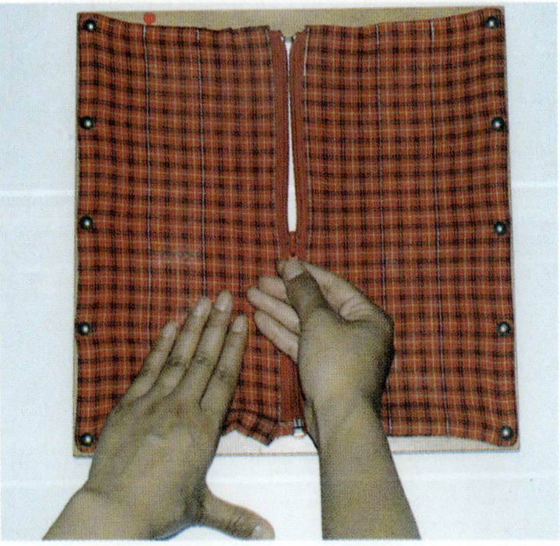

① 유아를 초대하여 활동명을 알려준다.
"이것은 지퍼 올리고 내리기입니다."

② 왼손으로 지퍼 근처 부분을 잡고 오른손 세 손가락으로 지퍼 손잡이를 잡고 아래로 완전히 당긴다.

③ 왼손으로 왼쪽 천의 밑쪽과 지퍼의 손잡이를 잡고 오른손으로 오른쪽 천의 밑을 잡고 살짝 위로 밀어 지퍼를 분리시킨다.
④ 양쪽의 천을 좌, 우로 완전히 펼쳐 열렸음을 보여준다.

⑤ 다시 양쪽의 천을 틀의 중앙으로 가져온다.
⑥ 지퍼의 손잡이가 맨 밑으로 와 있는지 확인한다.

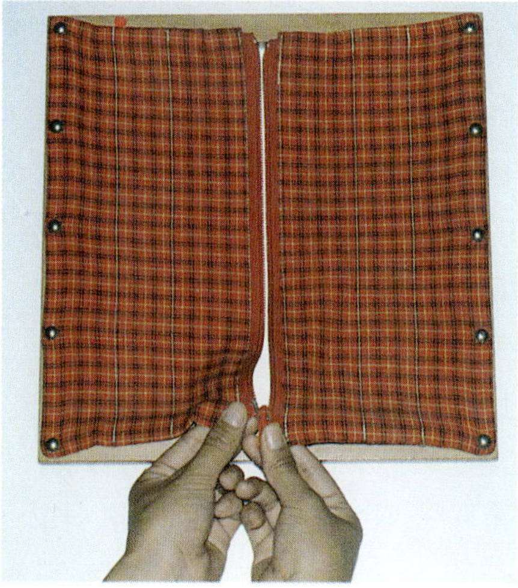

⑦ 왼손으로 왼쪽 천의 밑부분과 지퍼 손잡이를 잡고 오른쪽 천의 끝에 있는 쇠부분을 지퍼의 물림쇠에 넣는다.
⑧ 왼손으로 물림쇠를 잡고 오른손으로 지퍼 손잡이를 잡아 위로 끝까지 올린다.
⑨ 유아에게 권유한다.

7. 변형 및 응용

- 크기와 모양이 다양한 지퍼를 열고, 닫기
- 자기 옷에 지퍼 끼우기
- 친구 옷에 지퍼 끼우기

스냅 단추 끼우기

1. 교　구　스냅 단추 틀(5~6개의 스냅이 달려 있다.)

2. 대상연령　3세 이상

3. 목　적

직접목적　스냅 단추를 채우고 푸는 기술을 습득시킨다.

간접목적　질서감, 협응력, 집중력, 독립심을 기른다.

4. 흥 미 점

· 스냅 단추의 오목한 부분과 볼록한 부분의 모양
· 단추가 맞아 들어갈 때 나는 소리

5. 실수의 정정

· 스냅 단추가 한 번에 여러 개가 풀어지는 것을 볼 때
· 마지막 단추의 짝이 엇갈려서 끼워진 것을 볼 때

6. 제시방법

① 유아를 초대하여 활동명을 알려준다.
"이것은 스냅 단추 끼우기입니다."

② 오른손으로 스냅 단추 부분을 살짝 누르고 오른손 엄지손가락을 스냅 천 안쪽으로 넣는다.

③ 왼손으로 왼쪽 볼록 스냅이 달린 천 밑쪽을 잡고 오른손으로 당겨 단추를 푼다.

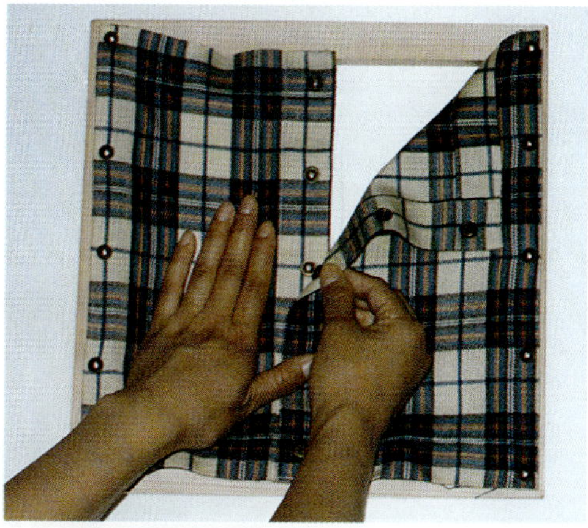

④ 같은 방법으로 위에서 아래로 마지막 단추까지 연 후 천의 단을 양손으로 잡아 양쪽으로 펼친다.

⑤ 양쪽의 천을 좌, 우로 완전히 펼쳐 열렸음을 보여준다.

⑥ 왼쪽 볼록 스냅 단추가 달린 천을 틀의 중앙으로 가져온 후 오목 스냅 단추가 달린 천을 가져와 나란히 배열한다.

⑦ 위에서부터 왼손으로 왼쪽 볼록 스냅이 달린 천 밑쪽을 잡고 오른손 오목 스냅 단추를 잡아 볼록 스냅과 잘 맞추어 단추가 채워지는 소리가 날 때까지 눌러 단추를 채운다.

⑧ 차례로 아래의 스냅 단추들도 채운다.

⑨ 유아에게 권유한다.

7. 변형 및 응용

· 더 크거나 더 작은 스냅 단추 풀고 채우기

· 옷에 있는 스냅 단추 풀고 잠그기

버클 끼우기

1. 교 구 버클 끼우기 틀

2. 대상연령 4세 이상

3. 목 적

직접목적 버클을 풀고 끼우기의 기술을 습득시킨다.

간접목적 질서감, 협응력, 집중력, 독립심을 기른다.

4. 흥 미 점

· 버클 핀을 보는 것
· 구멍으로 핀을 집어넣는 것
· 버클을 다 채운 모습을 보는 것

5. 실수의 정정 버클을 채운 후에 핀이 구멍에서 나오지 않는 것을 볼 때

6. 제시방법

① 유아를 초대하여 활동명을 알려준다.
"이것은 버클 끼우기입니다."

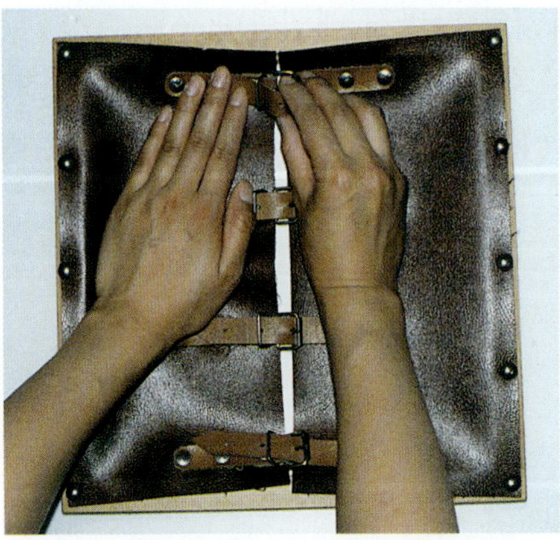

② 오른손으로 고리를 잡고 왼손으로 벨트의 끝을 잡아 벨트를 오른쪽으로 민다.

③ 오른손으로 벨트의 중간을 잡고 고리에서 뺀다.
④ 오른손으로 벨트의 끝을 오른쪽으로 당기고 왼손 엄지와 집게 손가락으로 핀을 구멍에서 뺀다.

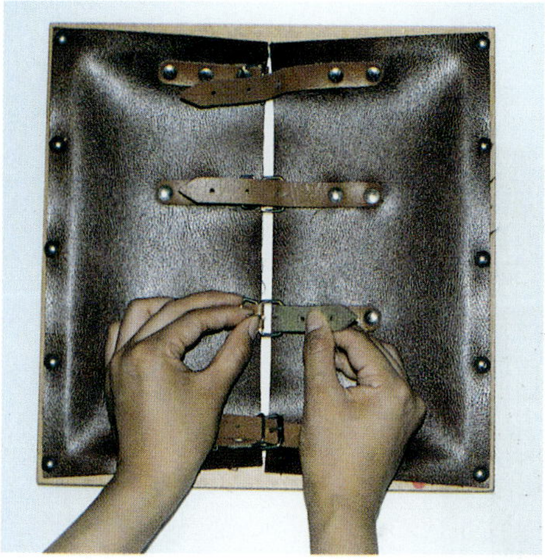

⑤ 양손을 사용하여 벨트를 완전히 고리에서 뺀다.
⑥ 같은 방법으로 위에서 아래로 마지막 벨트까지 연 후 천의 단을 양손으로 잡아 양쪽으로 펼친다.
⑦ 양쪽의 천을 좌, 우로 완전히 펼쳐 열렸음을 보여준다.
⑧ 왼쪽 벨트가 달린 천을 틀의 중앙으로 가져온 후 오른쪽 고리가 달린 천을 가져와 나란히 배열한다.
⑨ 위에서부터 오른손으로 벨트의 끝을 잡고 왼손으로 고리를 잡는다.
⑩ 고리 안으로 벨트의 끝을 밀어 넣는다.
⑪ 고리를 통과한 벨트를 오른쪽으로 당기고 왼손 엄지와 집게 손가락으로 핀을 잡아 구멍에 끼운다.
⑫ 왼손으로 고리를 잡고 오른손으로 벨트의 끝을 잡아 고리에 끼운다.

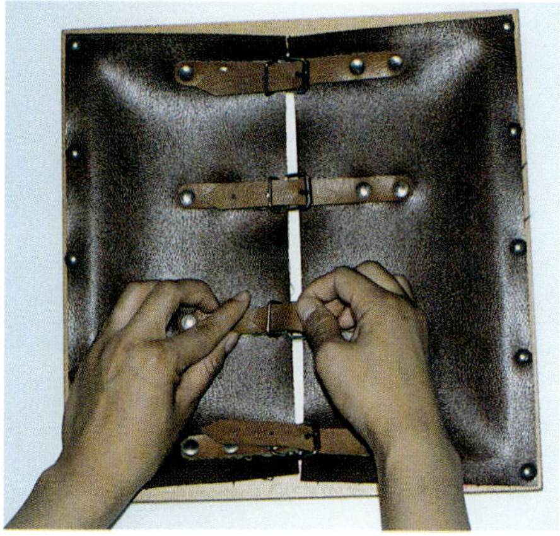

⑬ 같은 방법으로 마지막 벨트까지 끼운다.
⑭ 유아에게 권유한다.

7. 변형 및 응용
· 다양한 모양의 버클이나 벨트 풀고 끼우기
· 친구 옷의 벨트나 버클 끼우기

끈 매기

1. 교 구 끈 매기 틀

2. 대상연령 4~6세

3. 목 적

직접목적 끈 매기와 풀기의 기술을 습득시킨다.

간접목적 질서감, 협응력, 집중력, 독립심을 기른다.

4. 흥 미 점

· 리본이 틀의 맨 아래쪽에 있는 것을 보는 것
· 오른쪽이 아래로 왼쪽이 위로 ×자가 만들어지는 것을 보는 것
· 끈 끝부분이 구멍을 통하여 들어가고 나오는 것을 보는 것
· 끈을 끼울 때 끈의 끝부분을 맞추는 것
· 끈을 엇갈리게 놓는 것

5. 실수의 정정

- 끈의 길이가 맞지 않은 것을 볼 때
- ×자가 제대로 만들어지지 않는 것을 보는 것
- 끈이 끼워져 있지 않은 구멍을 볼 때

6. 제시방법

① 유아를 초대하여 활동명을 알려준다.
"이것은 끈 매기입니다."
② 끈의 양끝을 잡아당겨 리본을 푼다.

③ 오른손, 왼손을 번갈아 사용하여 끈을 구멍에서 뺀다.

④ 양쪽의 천을 좌, 우로 완전히 펼쳐 열렸음을 보여준다.
⑤ 양쪽 천을 틀의 중앙으로 가져온다.
⑥ 끈의 양쪽 끝을 구멍의 안에서 밖으로 빼낸다.
⑦ 끈을 좌, 우 같은 길이로 맞춘다.
⑧ 오른쪽에 있는 끈을 왼쪽 두번째 구멍에 끼워 넣어 끈을 뺀다. 왼쪽의 끈을 오른쪽 위에서 두번째 구멍에 끼운다.

⑨ 왼쪽 두번째 구멍에서 뺀 끈을 오른쪽 세번째 구멍에 안쪽에서 바깥쪽 구멍으로 끈을 뺀다. 오른쪽 끈도 같은 방법으로 반대쪽 세번째 구멍으로 끈을 뺀다.
⑩ 나머지도 번갈아 반복하여 마지막 구멍까지 끈을 꿴다.
⑪ 마지막 구멍에서 나온 양쪽 끈은 리본 묶기를 한다.
⑫ 유아에게 권유한다.

7. 변형 및 응용
· 다양한 모양과 종류의 신발 끈 끼우기
· 종이에 모양을 내어 구멍에 끈 끼우기

안전핀 끼우기

1. 교 구 안전핀 틀

2. 대상연령 5세 이상

3. 목 적

직접목적 안전핀을 끼우고 빼는 기술을 습득시킨다.

간접목적 질서감, 협응력, 집중력, 독립심을 기른다.

4. 흥 미 점

· 핀을 끼울 때 헝겊 2장을 통하여 들어가는 것을 보는 것
· 핀이 나란히 꽂혀 있는 것을 보는 것

5. 실수의 정정

· 손가락이 핀에 찔릴 경우
· 천의 한 겹에만 핀이 꽂혀 있는 것을 보는 것
· 핀을 잘 열고 닫히지 않는 것을 볼 때

6. 제시방법

① 유아를 초대하여 활동명을 알려준다.
"이것은 안전핀 끼우기입니다."

② 위에서부터 왼손 엄지와 집게손가락으로 안전핀의 머리를 잡는다. 오른손 엄지와 집게손가락으로 핀의 중앙 부분을 양쪽으로 눌러 핀을 머리 부분에서 뺀다.

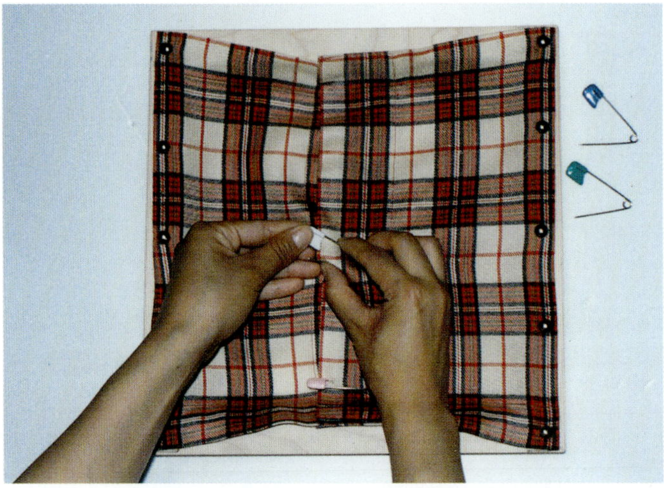

③ 빼낸 안전핀을 천에서 완전히 빼서 용기에 넣는다.

④ 같은 방법으로 위에서 아래로 마지막 안전핀까지 뺀 후 천의 단을 양손으로 잡아 양쪽으로 펼친다.

⑤ 왼쪽 단을 먼저 중앙으로 가져오고 오른쪽 단을 중앙에 가져 온다.

⑥ 안전핀을 꽂을 위치를 본다.

⑦ 바늘 끝을 천에 대고 겉에서 안으로 꿰어 다시 겉 천으로 뺀다. 왼손 엄지와 집게손가락으로 안전핀의 머리를 잡는다. 오른손 엄지와 집게손가락으로 핀의 중앙 부분을 양쪽으로 눌러 바늘을 안전핀 머리에 끼운다.

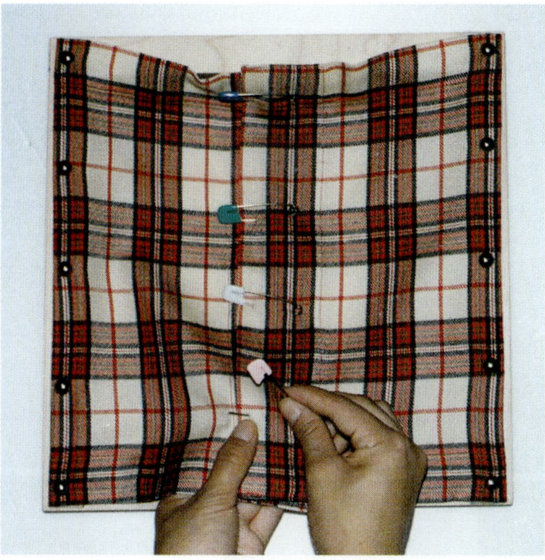

⑧ 나머지도 같은 방법으로 끼운다.
⑨ 유아에게 권유한다.

7. 변형 및 응용

· 다양한 모양의 안전핀을 사용한다.
· 자기 옷이나 다른 친구의 옷에 핀을 끼운다.
· 안전핀에 구슬을 끼워서 장식품을 만든다.

리본 매기

1. 교　구　리본 매기 틀

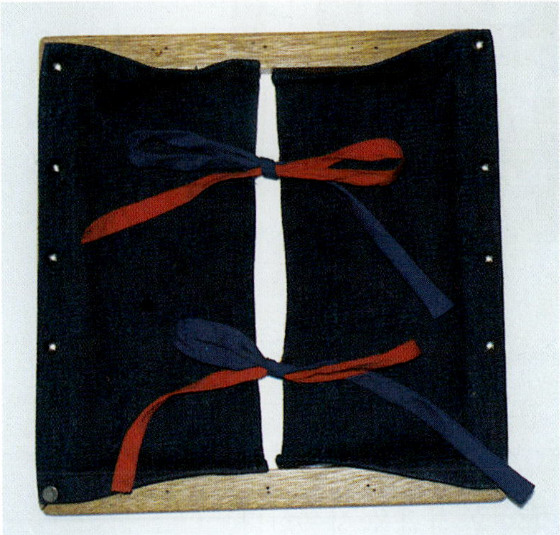

2. 대상연령　5세 이상

3. 목　적

직접목적　리본을 매기

간접목적　질서감, 협응력, 집중력, 독립심을 기른다.

4. 흥 미 점

· 끈을 교차하는 것
· 끈의 매듭을 짓는 것
· 완성된 리본의 모습을 보는 것

5. 실수의 정정

· 리본이 만들어지지 않을 때
· 한 단계씩 4개를 계속적으로 하지 않고 한 번에 다했을 때

6. 제시방법

① 유아를 초대하여 활동명을 알려준다.
"이것은 리본 매기입니다."

② 위부터 양손 세 손가락을 이용해 리본의 양쪽 끝을 잡아당긴다.

③ 각 끈을 양쪽으로 젖혀두고 나머지 리본도 같은 방법으로 풀어 끈을 양쪽으로 배열한다.

④ 오른손 검지로 매듭을 푼다. 느슨해진 매듭을 풀러 끈을 양쪽으로 배열한다.

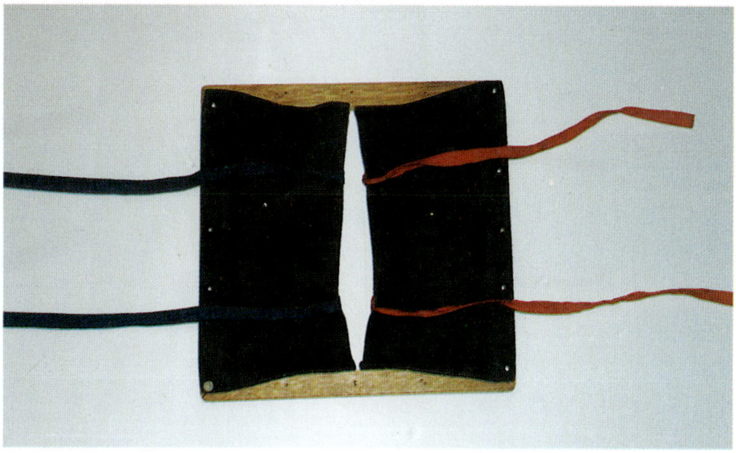

⑤ 왼쪽과 오른쪽 천을 양쪽으로 연다.

⑥ 각 천을 틀의 중앙으로 가져온 뒤 끈을 나란히 배열한다.

⑦ 리본의 양끝을 잡고 오른손을 왼손 위로 교차시킨다. 나머지도 같은 방법으로 한다. 또는 왼쪽 리본의 끝을 잡고 대각선 오른쪽 하단 쪽으로 리본 끝을 놓는다. 오른쪽 리본도 같은 방법으로 한다.

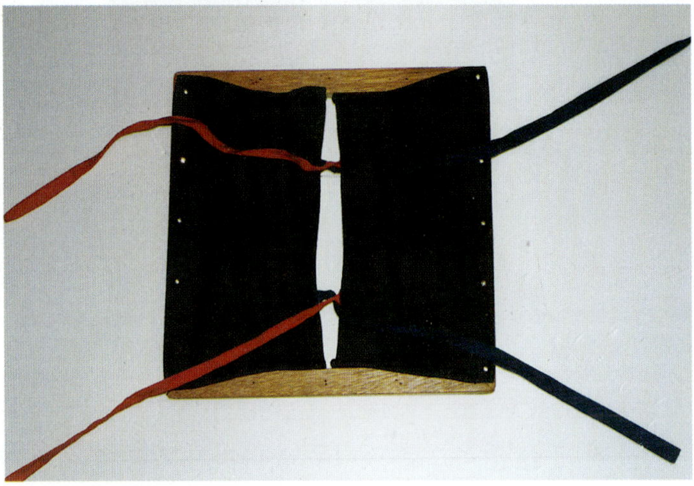

⑧ 아래쪽의 끈을 위로 올려 한 바퀴 돌려 매듭을 만든다.

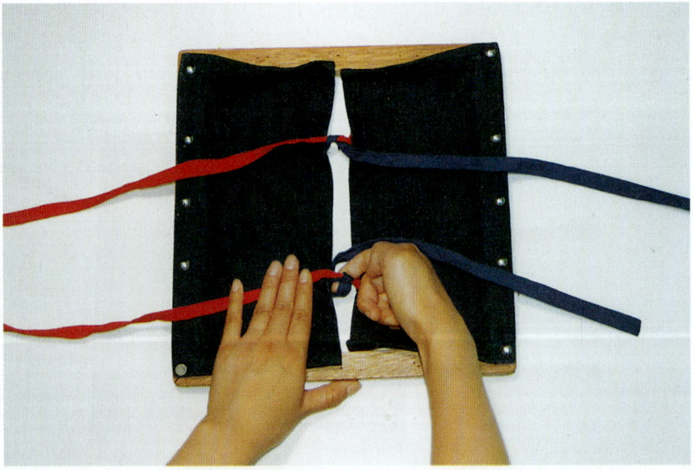

⑨ 나머지도 같은 방법으로 한다.

⑩ 왼쪽 끈의 반을 잡아 리본 고리를 만들고 왼손 엄지와 검지로 누른다.

⑪ 오른손 끈으로 왼손의 리본 고리를 위에서 돌려 감아 고리 밑쪽으로 끈을 밀어 넣는다.

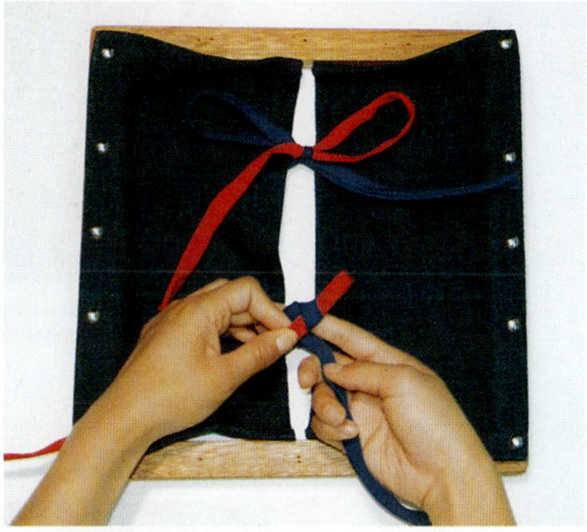

⑫ 왼손으로 구멍으로 빠져 나온 고리를, 오른손으로 오른쪽 고리를 잡아 당긴다.

⑬ 나머지도 같은 방법으로 한다.

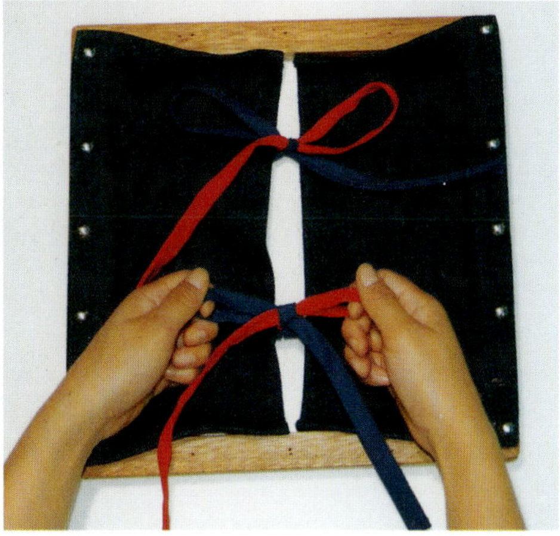

7. 변형 및 응용

- 신발 끈을 리본 맨다.
- 생활 주변에서 리본을 맬 수 있게 한다.

여러 종류의 틀

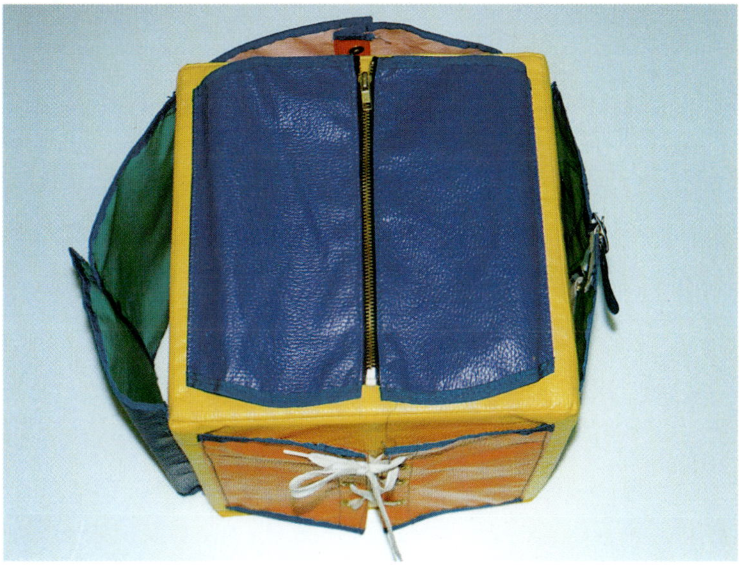

제5그룹 환경에 대한 배려

1. 청소하기
   - (1) 먼지 닦기
   - (2) 바닥 쓸기
   - (3) 책상 닦기
   - (4) 빨래하기
   - (5) 그릇 닦기

2. 광내기
   - (1) 거울 닦기
   - (2) 나무 그릇 닦기
   - (3) 은그릇 닦기

3. 화초 가꾸기
   - (1) 식물에 물 주기
   - (2) 나뭇잎 닦기
   - (3) 꽃꽂이하기

4. 음식 준비하기
   - (1) 상차리기
   - (2) 바나나 자르기
   - (3) 잼 바르기
   - (4) 오이 껍질 벗기고 자르기
   - (5) 빵가루 내기

먼지 닦기

1. 교 구　먼지떨이개 또는 수건 , 앞치마

2. 대상연령　3세 이상

3. 목 적

직접목적　① 먼지 닦는 법을 익힌다.
② 환경을 깨끗하게 하는 습관을 기른다.

간접목적　질서감, 협응력, 집중력, 독립심을 기른다.

4. 흥 미 점　· 먼지가 깨끗하게 닦아지는 것을 보는 것
· 수건에 먼지가 묻는 것을 보는 것

5. 실수의 정정　먼지가 남아있는 것을 볼 때

6. 제시방법

방법 I　　수건으로 닦을 때

① 유아를 초대하여 활동명을 알려준다.
"이것은 먼지 닦기입니다."
② 앞치마를 입고 먼지 닦을 곳으로 간다.
③ 손을 수건에 끼우고 책상 위를 왼쪽에서 오른쪽으로 천천히 닦는다.
④ 윗면, 옆면을 꼼꼼히 닦는다.
⑤ 수건을 빨래통에 넣는다.
⑥ 앞치마를 벗고 손을 씻는다.
⑦ 유아에게 권유한다.

방법 II　　먼지떨이개를 사용할 때

① 앞치마를 입고 먼지 닦을 곳으로 간다.
② 먼지떨이개 손잡이를 오른손으로 잡는다.
③ 먼지를 왼쪽에서 오른쪽으로 떨어낸다.
④ 이때 먼지가 날리지 않도록 한다.

7. 변형 및 응용

· 교실에 있는 교구를 닦아본다.
· 교실에 있는 선반을 닦아본다.

바닥 쓸기

1. 교　구

· 빗자루, 쓰레받기, 용기, 내용물 (종이 조각, 옥수수 알 등)
· 바닥에는 색 테이프로 사각형 모양의 선을 붙인다.

2. 대상연령 3.5세

3. 목　적

직접목적 ① 작업 후 스스로 주위를 깨끗이 한다.
② 빗자루, 쓰레받기의 사용법을 익힌다.
③ 운동의 순서를 익힘으로써 질서를 유지한다.

간접목적 질서감, 협응력, 집중력, 독립심을 기른다.

4. 흥 미 점

· 내용물을 바닥에 흩트려 놓는 것
· 내용물이 사각형 안에 모아지는 것을 볼 때
· 다 쓸어 담은 후 바닥이 깨끗해진 것을 보는 것
· 빗자루, 쓰레받기를 사용해 보는 것

5. 실수의 정정

· 내용물이 남아 있는 것
· 비질을 마친 후에 표시된 모양의 선 밖에 내용물이 떨어져 있는 것을 볼 때
· 쓰레받기의 내용물을 용기에 담을 때 내용물이 떨어져 있는 것을 볼 때

6. 제시방법

① 유아를 초대하여 활동명을 알려준다.
"이것은 바닥 쓸기입니다."
② 교구를 사각형 모양으로 선이 만들어져 있는 바닥으로 가져 간다.
③ 용기에 든 내용물을 사각형 주위에 흩트려 뿌린다.
④ 오른손으로 빗자루를 잡고 내용물을 사각형 안으로 천천히 쓸어 모은다.
⑤ 쓰레받기를 내용물 가까이 대고 받쳐 쓸어 담는다.
⑥ 빗자루를 놓고 쓰레받기를 들고 조심스럽게 용기에 다시 담는다.
⑦ 쓰레받기와 빗자루, 내용물이 담긴 용기를 정리하여 쟁반을 선반 제자리에 갖다 둔다.
⑧ 유아에게 권유한다.

7. 변형 및 응용

· 사각형 표시를 해 놓지 않고 비질하기
· 내용물을 바꾼다
· 계단 쓸기, 복도 쓸기
· 카펫 솔질하기
· 책상 위 쓸기
· 간식이나 점심 식사 후에 뒷정리하기
· 다양한 모양과 크기의 쓰레받기와 빗자루로 사용해 보기

8. 비 고

다양한 청소 도구를 유아 자신이 사용할 수 있게 교실의 일정한 장소에 비치해 둔다.

책상 닦기

1. 교　구　책상, 솔, 비누, 스펀지, 작은 타월, 대야, 양동이, 피처, 비닐 매트, 앞치마

2. 대상연령　4세 이상

3. 목　적

직접목적　① 책상 닦는 법을 익힌다.
　　　　　② 자기 주변을 청결히 하는 습관을 기른다.

간접목적　질서감, 협응력, 집중력, 독립심을 기른다.

4. 흥 미 점

- 교구를 작업 순서대로 나열하는 것
- 물을 대야에 따를 때 나는 소리
- 물을 피처에 담고 운반할 때 무게를 느껴 보는 것
- 비누 냄새
- 비누를 만질 때의 촉감
- 책상 위에 비누로 그려 나가는 것
- 솔질할 때 나는 소리
- 솔질할 때 거품이 나는 것

· 스펀지로 거품을 닦아 내는 것
· 비누 거품을 닦을 때 닦는 부분과 닦지 않은 부분이 서로 비교되어 보이는 것
· 대야에 스펀지를 빨 때, 대야의 물이 더러워지는 것을 보는 것
· 깨끗해진 책상을 보는 것

5. 실수의 정정

· 물, 비누 거품들이 바닥에 떨어져 있는 것을 볼 때
· 책상을 다 닦은 후에도 비눗기가 남아 있는 것을 볼 때
· 양동이를 옮기는 도중, 물을 바닥에 흘리는 것을 볼 때

6. 제시방법

① 유아를 초대하여 활동명을 알려준다.
"이것은 책상 닦기입니다."
② 앞치마를 입고 양손으로 교구를 들고 닦을 책상으로 간다. 이때 다른 유아의 작업에 방해되지 않는 곳으로 책상을 옮길 수 있다.
③ 비닐 매트를 책상 밑 왼쪽 바닥에 깔고 대야 안에 있는 것을 사용하는 순서대로 왼쪽에서 오른쪽으로 놓는다.
④ 피처가 든 양동이를 매트 가장 왼쪽에 놓는다.
⑤ 피처를 들고 싱크대로 가서 물을 받아온다.
⑥ 피처의 물을 반 정도 대야에 따른다.
⑦ 스펀지를 물에 담가 살짝 짠 후 책상 위를 위에서 아래로 닦는다.
⑧ 스펀지를 제자리에 놓고 오른손으로 솔을 잡고 물에 적신다.
⑨ 왼손으로 비누를 잡고 솔로 세 번 정도 문질러 솔에 비누를 묻힌다. 비누를 받침대에 놓는다.
⑩ 오른손에 솔을 들고 책상 위를 왼쪽에서 오른쪽으로 시계 반대 방향 ()으로 문질러 나간다.
⑪ 위와 같은 방법으로 책상 위를 닦는다.
⑫ 솔을 대야의 물에 넣고 흔들어 헹군 다음 제자리에 둔다.
⑬ 대야의 물을 양동이에 붓고 피처에 남은 물을 대야에 붓는다.
⑭ 스펀지를 물에 적셔 살짝 짠 후 책상 위를 위에서 아래로 비누 거품을 닦아낸다.
⑮ 스펀지를 대야에 넣고 꽉 짠 후 스펀지를 제자리에 놓고 대야에 물을 붓는다.

⑯ 양동이의 물을 싱크대에 가져가 버리고 책상으로 온다.
⑰ 스펀지로 양동이, 피처, 대야의 물기를 닦아낸다.
⑱ 타월로 책상의 남은 물기를 닦아낸다.
⑲ 교구와 매트를 정리하고 앞치마를 접어서 제자리에 놓는다.

7. 변형 및 응용

· 다른 종류의 책상을 닦아본다.
· 바닥 닦기
· 의자 닦기

8. 비　고

· 물이 많이 엎질러졌을 때는 대걸레를 사용하거나 마른걸레를 사용하여 닦는다.
· 비닐판에 교구의 밑면을 그려서 교구를 배치한 후 작업을 하기도 한다.

빨래하기

1. 교　구　크기가 같은 대야 2개(눈금을 그리거나 대야 중간에 표시를 해둔다.), 피처(눈금 표시), 비누, 비눗갑, 스펀지, 빨래판, 손타월, 바닥타월, 양동이, 앞치마, 빨랫감, 건조대, 빨래 집게

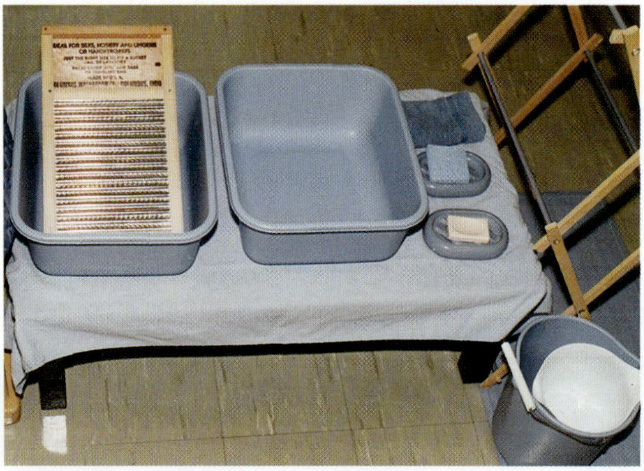

2. 대상연령　3세 이상

3. 목　적

직접목적　손으로 빨래를 빠는 기술을 습득한다.

간접목적　질서감, 협응력, 집중력, 독립심을 기른다.

4. 흥 미 점

- 물 따를 때 나는 소리
- 빨래를 빨래판에다 대고 위에서 아래로 문지르기
- 빨래를 문지르는 동안 거품이 나는 것을 보는 것
- 빨래를 빤 물이 더러워지는 것을 보는 것
- 빨래를 마친 후, 빨래가 깨끗해진 것을 보는 것

5. 실수의 정정

· 바닥이나 빨래대 위에 물을 엎지른 경우
· 빨래판을 헹군 후, 비눗기가 완전히 없어지지 않은 것을 볼 때
· 빨래를 빨고 난 후에도 때가 그대로 남아 있는 것을 볼 때
· 교구 정리 정돈이 제대로 되지 않았을 때

6. 제시방법

① 유아를 초대하여 활동명을 알려준다.
"이것은 빨래하기입니다."
② 앞치마를 입는다.
③ 피처를 들고 싱크대로 가서 물을 받아온다.
④ 피처의 물을 반정도 왼쪽 대야에 따르고 나머지 반은 오른쪽 대야에 따른다.
⑤ 왼쪽 대야에 빨래를 담구어 적신다.
⑥ 적신 빨래를 빨래판 위에 놓고 비누를 칠한다.
⑦ 비누를 칠한 빨래를 위에서 아래로 반복하여 문지른다.
⑧ 빨래를 두 손으로 꽉 짠 후 오른쪽 대야에서 헹군다.
⑨ 위와 같은 방법으로 나머지 빨래도 한다.
⑩ 빨래판을 세워 물기를 뺀 후 대야 옆에 놓는다.
⑪ 왼쪽 대야와 오른쪽 대야의 물을 양동이에 붓는다.
⑫ 양동이의 물을 싱크대에 가져가 버리고 책상으로 온다.
⑬ 스펀지로 양동이, 피처, 대야의 물기를 닦아낸다.
⑭ 타월로 건조대에 있는 그릇의 남은 물기를 닦아낸다.
⑮ 교구와 매트를 정리하고 앞치마를 접어서 제자리에 놓는다.

7. 변형 및 응용

· 여러 가지 다양한 빨랫감 빨기
· 다양한 종류의 비누 사용하기(액체, 분말 등)

그릇 닦기

1. 교 구 크기가 같은 대야 2개, 식기, 세척제(물비누), 스펀지, 그릇, 건조대, 피처, 양동이, 닦을 접시, 앞치마, 손타월, 바닥타월, 식기 건조용 타월

2. 대상연령 3~4세 이상

3. 목 적

직접목적 설거지하는 법을 익힌다.

간접목적 질서감, 협응력, 집중력, 독립심을 기른다.

4. 흥 미 점

- 교구로 사용된 여러 용구들
- 세제가 물 속에 퍼지는 것을 보는 것
- 헹군 접시를 들었을 때 접시에서 물이 떨어지는 것을 보는 것과 물이 떨어지는 소리를 듣는 것
- 비누 거품을 보는 것
- 접시에 묻어 있는 거품이 헹구어짐으로써 없어지는 것을 보는 것
- 비누 묻은 스펀지로 접시를 닦을 때의 느낌
- 양동이 물을 따를 때 나는 소리

5. 실수의 정정

· 물을 바닥, 책상 위에 흘린 것을 볼 때
· 그릇을 떨어뜨린 것을 볼 때
· 접시를 헹군 후, 접시에 비누 거품이 남아 있는 것을 볼 때
· 활동을 마친 후, 교구 정돈이 제대로 되어 있지 않은 것을 볼 때

6. 제시방법

① 유아를 초대하여 활동명을 알려준다. "이것은 그릇 닦기입니다."
② 앞치마를 입는다.
③ 피처를 들고 싱크대로 가서 물을 받아온다.
④ 피처의 물을 반 정도 왼쪽 대야에 따르고 나머지 반은 오른쪽 대야에 따른다.
⑤ 왼쪽 대야에 그릇 닦는 세제를 물에 두세 방울 정도 탄다.
⑥ 스펀지를 물에 담가 비누 거품을 낸 후 그릇 한 개를 물에 담군다.
⑦ 스펀지로 그릇을 닦는다.
⑧ 스펀지를 물에 넣고 그릇을 오른쪽 대야에 옮겨 헹군 후 건조대에 놓는다.
⑨ 위와 같은 방법으로 나머지 그릇도 닦는다.
⑩ 스펀지를 대야에 넣고 꽉 짠 후 스펀지를 제자리에 놓는다.
⑪ 왼쪽 대야에 있는 물을 양동이에 붓는다.
⑫ 왼쪽 대야에 비누 거품이 남아 있으면 오른쪽 대야의 물을 왼쪽 대야에 넣고 흔들어 헹군 다음 양동이에 붓는다.
⑬ 양동이의 물을 싱크대에 가져가 버리고 책상으로 온다.
⑭ 스펀지로 양동이, 피처, 대야의 물기를 닦아낸다.
⑮ 타월로 건조대에 있는 그릇의 남은 물기를 닦아낸다.
⑯ 교구와 매트를 정리하고 앞치마를 접어서 제자리에 놓는다.

7. 변형 및 응용

· 그릇의 종류를 다양하게 바꾸어 준다(양식기, 한식기 등).
· 그릇 건조대에 마른 행주를 준비해 두어 헹군 접시를 닦은 후 찬장에 보관할 수 있도록 한다.
· 간식을 먹고 간식 그릇을 닦는다.

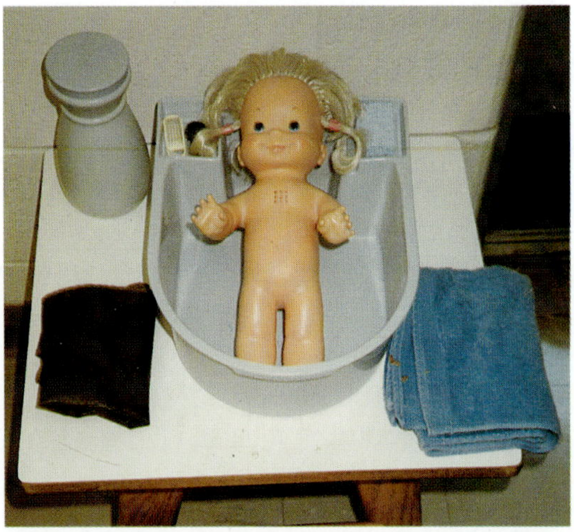

· 인형 닦기

· 조개껍질 닦기

· 호박 닦기

· 사과 닦기

· 공룡 닦기

8. 비　고　· 그릇 수를 제한한다.

· 행주가 많이 젖었을 경우 다른 사람을 위해 새 행주로 바꾸어 준다.

거울 닦기

1. 교　구　· 손잡이가 달린 거울, 스펀지, 면봉 또는 솜, 작고 부드러운 헝겊, 광택약(물, 유리 닦는 약), 앞치마
· 새 면봉, 헝겊 등은 한 곳에 따로 정리해 둔다.

2. 대상연령　3.5세 이상

3. 목　적

직접목적　① 거울 닦는 법을 익힌다.
② 자기 주변을 정리하는 습관을 기른다.

간접목적　질서감, 협응력, 집중력, 독립심을 기른다.

4. 흥 미 점　· 거울의 모양, 거울을 문지를 때 나는 소리와 느낌
· 면봉으로 약을 찍는 것
· 거울이 비치는 것을 보는 것
· 광택약의 냄새와 색깔

5. 실수의 정정　· 거울을 잘못 건드려 깨트릴 때
· 광택약을 너무 많이 칠했을 때
· 활동을 마친 후에 거울에 약이 묻어 있는 것을 볼 때
· 다음 유아를 위해 새 면봉이나 닦는 헝겊을 새 것으로 바꾸어 놓지 않는 것을 볼 때

6. 제시방법　① 유아를 초대하여 활동명을 알려준다.
"이것은 거울 닦기입니다."

② 앞치마를 입는다.
③ 매트를 책상 위에 편 후 바구니 안에 있는 교구를 매트 위에 꺼내 나열한다.
④ 그릇에 약을 두 방울 정도 떨어뜨린 후 면봉에 약을 묻혀 거울 전체를 골고루 문지른다.
⑤ 헝겊을 세 손가락에 끼워 넣고 거울의 왼쪽에서 오른쪽으로 닦는다.
⑥ 닦은 후 거울이 깨끗해졌는지 들고 잠시 비춰본다.
⑦ 면봉은 쓰레기통에 버리고 헝겊은 사용한 헝겊을 모아두는 곳에 갖다두고 새 면봉과 헝겊으로 바꾸어 놓는다.
⑧ 매트 위에 약이 묻었으면 스펀지로 닦는다.
⑨ 매트를 말고 교구를 정리하여 제자리에 갖다 둔다.
⑩ 손을 씻고 앞치마를 접어 제자리에 둔다.

7. 변형 및 응용

· 교실에 있는 거울 닦기, 여러 종류의 거울 닦기
· 물약 대신 크림 타입의 약을 사용하기
· 유리창 닦기
· 안경 닦기

8. 비　고

· 광택약을 먹지 않도록 주의를 주어야 한다.
· 활동을 하고 난 후 손 씻기
· 새 면봉과 새 헝겊을 두는 장소를 유아가 알게 한다.

나무 그릇 닦기

1. 교　구　나무 그릇, 스펀지, 면봉, 광택용 천, 광택약(콜드크림), 작은 접시, 비닐 매트, 앞치마

2. 대상연령　3.5세 이상

3. 목　적

직접목적　① 나무 그릇을 닦는 법을 익힌다.
　　　　　② 주변을 정리하는 습관을 기른다.

간접목적　질서감, 협응력, 집중력, 독립심을 기른다.

4. 흥 미 점

- 면봉으로 약을 찍어 바르는 것
- 접시에 약을 떠보는 것
- 나무 그릇을 헝겊으로 닦을 때 나는 소리
- 나무 그릇이 윤이 나는 것을 보는 것
- 광택 약의 냄새, 색깔을 보는 것

5. 실수의 정정

- 광택 약을 너무 많이 발랐을 경우
- 활동을 마친 후, 나무 그릇에 약이 남아 있는 것을 볼 때
- 다른 유아를 위해 새 면봉이나 헝겊을 새 것으로 바꾸어 놓지 않는 것을 볼 때

6. 제시방법

① 유아를 초대하여 활동명을 알려준다.
"이것은 나무 그릇 닦기입니다."

② 매트를 책상 위에 편 후 바구니 안에 있는 교구를 매트 위에 꺼내 나열한다.

③ 그릇에 약을 두 방울 정도 떨어뜨린 후 면봉에 약을 묻혀 그릇의 앞, 뒤, 옆면을 골고루 문지른다.

④ 헝겊을 세 손가락에 끼워 넣고 은그릇을 왼쪽에서 오른쪽으로 닦는다.

⑤ 닦은 후 그릇이 반짝반짝해졌는지 들고 본다.

⑥ 면봉은 쓰레기통에 버리고 헝겊은 사용한 헝겊을 모아두는 곳에 갖다 두고 새 면봉과 헝겊으로 교환해 둔다.

⑦ 매트 위에 약이 묻었으면 스펀지로 닦는다.

⑧ 매트를 말고 교구를 정리하여 제자리에 갖다 둔다.

⑨ 손을 씻고 앞치마를 접어 제자리에 둔다.

7. 변형 및 응용

- 광택약의 종류를 다양하게 사용한다.
- 재료를 바꾼다(목각 인형, 가구 등).

은그릇 닦기

1. 교 구 은그릇(은접시, 은수저 등), 광택약(치약, 은 광택약), 면봉 또는 솜, 헝겊, 쟁반, 책상용 매트, 앞치마

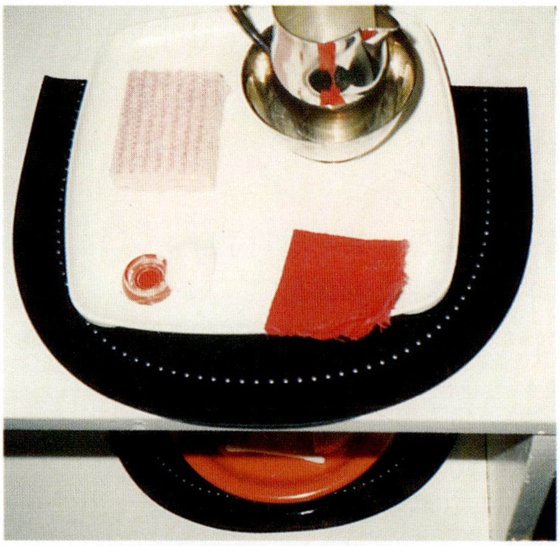

2. 대상연령 3.5세 이상

3. 목 적

직접목적 ① 은그릇 닦는 법을 익힌다.
② 주변을 깨끗이 정돈하는 습관을 기른다.

간접목적 질서감, 협응력, 집중력, 독립심을 기른다.

4. 흥 미 점

· 은그릇의 모양, 색깔
· 면봉으로 약을 찍어 은그릇에 바르는 것
· 접시에 약을 떠보는 것
· 은그릇이 깨끗해지는 것을 보는 것
· 광택용 천으로 은그릇을 문지르는 것

5. 실수의 정정 · 광택약을 너무 많이 칠했을 경우
· 활동을 마친 후에, 은그릇에 약이 남아 있는 것을 볼 때
· 다른 유아를 위해 새 면봉이나 헝겊을 새 것으로 바꾸어 놓지 않는 것을 볼 때

6. 제시방법
① 유아를 초대하여 활동명을 알려준다.
"이것은 은그릇 닦기입니다."
② 매트를 책상 위에 편 후 바구니 안에 있는 교구를 매트 위에 꺼내 나열한다.
③ 그릇에 약을 두 방울 정도 떨어뜨린 후 면봉에 약을 묻혀 그릇의 앞, 뒤, 옆면을 골고루 문지른다.
④ 헝겊을 세 손가락에 끼워 넣고 은그릇을 왼쪽에서 오른쪽으로 닦는다.
⑤ 닦은 후 그릇이 반짝반짝 해졌는지 들고 본다.
⑥ 면봉은 쓰레기통에 버리고 헝겊은 사용한 헝겊을 모아두는 곳에 갖다 두고 새 면봉과 헝겊으로 교환해 둔다.
⑦ 매트 위에 약이 묻었으면 스펀지로 닦는다.
⑧ 매트를 말고 교구를 정리하여 제자리에 갖다 둔다.
⑨ 손을 씻고 앞치마를 접어 제자리에 둔다.

7. 변형 및 응용 놋쇠나 다른 종류의 금속을 닦는 것

8. 비 교 약을 입에 넣지 않도록 주의한다.

식물에 물 주기

1. 교 구 물을 담을 작은 용기, 팻말(나무 막대 또는 이쑤시개), 앞치마, 스펀지

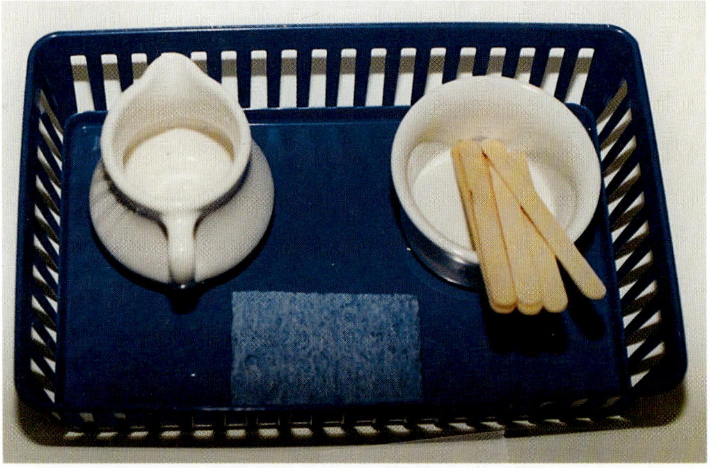

2. 대상연령 3세 이상

3. 목 적

직접목적 ① 식물에 물을 주는 것을 배운다.
② 식물을 소중히 관리하고 그 필요성을 배운다.

간접목적 질서감, 협응력, 집중력, 독립심을 기른다.

4. 흥 미 점

· 식물 그 자체
· 식물의 줄기, 잎을 손으로 만져 보는 것
· 마른 흙이 촉촉해지는 것을 보는 것
· 물을 주었다는 팻말을 꽂아 놓는 것

5. 실수의 정정

· 화분에 너무 많은 물을 주었을 때
· 쟁반, 책상 위에 물이 흘려져 있을 때
· 물을 주었다는 팻말을 꽂아 놓지 않았을 때

6. 제시방법

① 유아를 초대하여 활동명을 알려준다.
"이것은 물 주기입니다."
② 교구를 들고 화분이 있는 곳으로 간다.
③ 식물에 물이 왜 필요한지 이야기한다.
④ 화분에 꽂혀 있는 팻말을 꺼내 팻말 끝이 젖었는지 말랐는지 확인한다.
"이것은 식물이 물이 필요한지를 확인하는 것이에요. 팻말 끝이 말랐으면 화초가 물이 필요하다는 것을 알 수 있습니다."
⑤ 왼손으로 잎을 살짝 재치면서 물을 골고루 준다.
⑥ 팻말을 꽂는다.
⑦ 화초 주위에 흘린 물이 있는지 확인한 후 스펀지로 닦는다.
⑧ 유아에게 권유한다.

7. 변형 및 응용

· 물뿌리개로 물 주기

· 국자로 물 주기
· 분무기로 물 주기

나뭇잎 닦기

1. 교　구　쟁반, 작은 그릇과 피처, 스펀지, 솜, 잎이 넓은 식물, 앞치마

2. 대상연령　3세 이상

3. 목　적

직접목적　① 식물의 잎을 닦는 법을 배운다.
② 환경 돌보는 법을 배운다.
③ 정서적으로 풍요로움을 기른다.

간접목적　질서감, 협응력, 집중력, 독립심을 기른다.

4. 흥미점

· 더러웠던 잎사귀가 깨끗해진 것을 보는 것
· 손바닥 위에 놓여진 잎바닥의 감촉을 느끼는 것
· 잎의 다양한 모양
· 면봉으로 구석에 있는 잎의 먼지를 닦아주는 것

5. 실수의 정정 · 잎을 너무 세게 잡아 당겨, 잎이 잘라지거나 꺾이는 것을 볼 때
· 쟁반, 책상 위에 물이 떨어지는 것을 볼 때
· 소모품을 새 것으로 바꾸어 놓지 않는 것을 볼 때
(더러워진 솜, 면봉)

6. 제시방법

① 유아를 초대하여 활동명을 알려준다.
"이것은 나뭇잎 닦기입니다."
② 앞치마를 입고 더러운 잎이 있는지를 본다.
③ 화분과 닦을 수 있는 용구들을 책상 위에 놓는다.
④ 피처에 물을 떠온다.
⑤ 그릇에 물을 따르다. 면봉을 물에 적신다.
⑥ 왼손 검지, 세번째 중지 사이에 닦아야 할 잎을 끼어 손바닥에 놓고 오른손으로 면봉을 이용해 위에서 아래로 깨끗이 닦아준다.
⑦ 교구를 잘 정리하도록 하고 이때 쓰던 용구들 중 더럽혀진 면봉과 솜 같은 소모품은 쓰레기통에 가져다 버린다.
⑧ 소모품을 새 것으로 채워 넣는다.
⑨ 책상 위에 물기를 스펀지로 깨끗이 닦아준다.
⑩ 교구는 선반의 제자리에 가져다 놓고 앞치마를 벗는다.

7. 변형 및 응용 · 여러 가지 모양의 잎 닦기
· 분무기로 뿌려 잎 닦기

꽃꽂이하기

1. 교 구 꽃, 꽃병, 꽃 자르는 가위, 쟁반, 작은 용기와 피처, 비닐 매트, 종이 타월, 손 닦을 타월, 앞치마

2. 대상연령 3세 이상

3. 목 적

직접목적 ① 꽃꽂이하는 법을 배운다.
② 환경 돌보는 법을 배운다.
③ 정서적으로 풍요로움을 기른다.

간접목적 질서감, 협응력, 집중력, 독립심을 기른다.

4. 흥 미 점

· 꽃의 줄기를 물 속에서 자르는 것
· 시들은 잎을 따서 버리는 것
· 꽃과 꽃병의 다양한 모양

5. 실수의 정정

· 잎을 너무 세게 잡아 당겨, 잎이 잘라지거나 꺾이는 것을 볼 때
· 가지나 잎이 책상 위에 남아있는 것을 볼 때
· 꽃이 꺾인 것을 볼 때
· 쟁반, 책상 위에 물이 떨어지는 것을 볼 때

6. 제시방법

① 유아를 초대하여 활동명을 알려준다.
"이것은 꽃꽂이 하기입니다."
② 비닐 매트를 깐다.
③ 앞치마를 입고 피처에 물을 떠온다.
④ 용기에 물을 따른다.
⑤ 종이 타월을 깐다.
⑥ 꽃을 들고 시든 잎을 딴다.
⑦ 다듬은 꽃을 꽃병에 꽂아보아 잘라 낼 길이를 재본다.
⑧ 꽃을 물에 넣고 가위로 가지를 자른다.
⑨ 꽃을 꽃병에 꽂아 꽃병을 두고 싶은 장소에 놓고 책상으로 온다.
⑩ 종이 타월을 접어 쓰레기통에 버린다.
⑪ 용기의 물을 싱크대에 갖다 버린다.
⑫ 스펀지로 용기와 매트, 책상에 떨어진 물기를 닦는다.
⑬ 다음 유아를 위해 새 종이 타월을 준비한다.
⑭ 교구를 정리한다.
⑮ 유아에게 권유한다.

7. 변형 및 응용

· 여러 가지 종류의 꽃을 준비한다.
· 침봉을 사용한다.

상차리기

1. 교 구 양식 : 바구니, 냅킨, 컵, 스푼, 포크, 나이프, 접시, 식탁용 매트
한식 : 밥그릇, 국그릇, 컵, 젓가락, 숟가락, 수저 받침, 작은 접시

2. 대상연령 4세 이상

3. 목 적

직접목적 ① 상 차리는 법을 알게 한다.
② 간단한 식탁 예절을 익힌다.

간접목적 질서감, 협응력, 집중력, 독립심을 기른다.

4. 흥 미 점 상을 차리는 그 자체

5. 실수의 정정 · 교구를 운반 중이거나 차리면서 떨어트릴 때
· 그림에 맞지 않게 놓여졌을 때

6. 제시방법

방법 I 한식 상차리기

① 유아를 초대하여 활동명을 알려준다.
"이것은 한식 상차리기입니다."

② 매트를 깐다. (어린 유아일 경우에는 매트에 그릇의 모양을 시침질로 표시해 두면 도움이 된다.)

③ 왼쪽에 밥그릇과 그 옆에 국그릇을 놓는다.

④ 수저 받침을 국그릇 옆에 놓고 그 위에 숟가락과 젓가락을 놓는다.

⑤ 물컵은 밥그릇 왼쪽 앞에, 개인용 작은 접시는 밥그릇과 국그릇 앞에 놓는다.

⑥ 다 차린 뒤 차례로 쟁반에 정돈한다.

방법 II 양식 상차리기

① 유아를 초대하여 활동명을 알려준다.
"이것은 양식 상차리기입니다."

② 매트를 깐다. (어린 유아일 경우에는 매트에 그릇의 모양을 시침질로 표시해 두면 도움이 된다.)

③ 왼쪽부터 포크, 접시, 나이프, 스푼의 순서로 놓는다.

④ 작은 접시는 포크 왼쪽 옆에 놓고 그 위에 버터용 나이프를 놓는다.

⑤ 물컵은 접시 왼쪽 앞에 놓는다.

⑥ 냅킨을 나이프와 스푼 앞에 놓는다.

⑦ 다 차린 뒤 차례로 쟁반에 정돈한다.

7. 변형 및 응용

· 점심 시간에 직접 상을 차리게 한다.

· 식탁 예절 연습

· 양식에는 샐러드용 포크, 고기용 나이프나 생선용 나이프, 디저트용 스푼 등 발전된 단계의 식탁 차리기를 해 본다.

· 3첩 반상, 5첩 반상을 차려 본다.

· 매트 위에 놓아보기

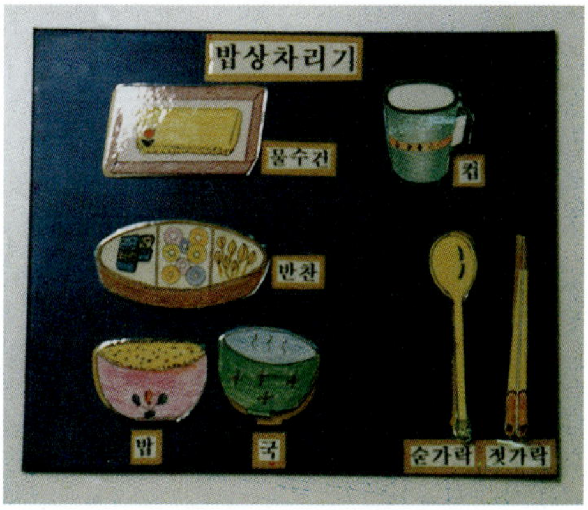

8. 비　고

처음에는 매트에 시침질이나 밑면이 그려진 것으로 연습하다가 점차 밑면 없는 매트를 사용한다.

바나나 자르기

1. 교 구 바나나, 바나나 담을 용기, 바나나 껍질 담을 용기, 칼, 도마, 스펀지

2. 대상연령 5세 이상

3. 목 적

직접목적 바나나 자르는 법을 익힌다.

간접목적 질서감, 협응력, 집중력, 독립심을 기른다.

4. 흥 미 점

· 바나나가 잘려진 것을 보는 것

· 껍질을 벗기는 것

5. 실수의 정정

· 바나나의 조각을 너무 크게 잘랐을 때

· 바나나 껍질이 책상 위에 남아 있는 것을 볼 때

6. 제시방법

① 손을 씻고 온다.

② 유아를 초대하여 활동명을 알려준다.
"이것은 바나나 자르기입니다."

③ 도마를 놓는다.
④ 바나나를 도마 위에 놓는다.
⑤ 오른손으로 칼을 잡는다. 이때 엄지손가락과 나머지 네 손가락 사이에 칼을 감듯이 잡는다.
⑥ 왼손으로 바나나를 잡고 오른손으로 칼을 잡아 앞뒤로 천천히 자른다.
⑦ 칼을 놓고 껍질을 벗긴 후 바나나를 용기에 담는다.
⑧ 바나나 껍질 담는 용기에 껍질을 담아 버린다.
⑨ 도마를 스펀지로 닦고 칼도 닦아 제자리에 놓는다.
⑩ 유아를 초대하여 먹은 후 정리한다.

7. 변형 및 응용 · 바나나 자르는 도구를 사용한다.

도구를 이용해 바나나 자르기

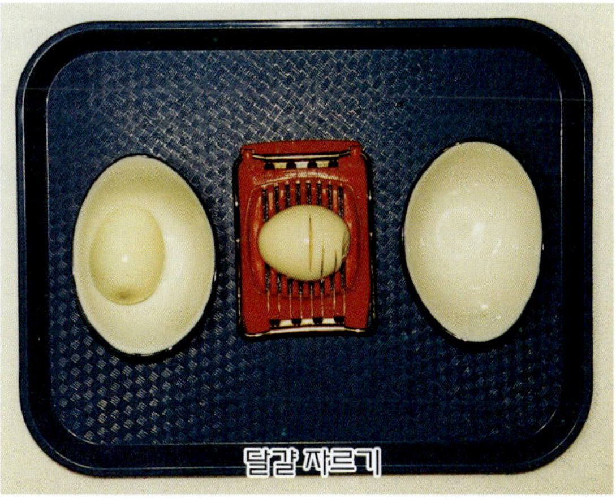
달걀 자르기

· 당근, 오이 자르기
· 칼의 모양을 바꾼다.
· 달걀 자르기
· 치즈 자르기

8. 비 고 · 바나나에 선을 그어 놓아 자르기 쉽게 한다.
· 바나나처럼 자르기 쉬운 것부터 시작하여 단단한 채소나 과일 자르기를 한다.

잼 바르기

1. 교　구　크래커 2조각, 버터용 칼, 잼, 잼이 담긴 작은 용기, 종이 타월 또는 냅킨 1장, 쟁반, 크래커 숫자를 제한하는 숫자판

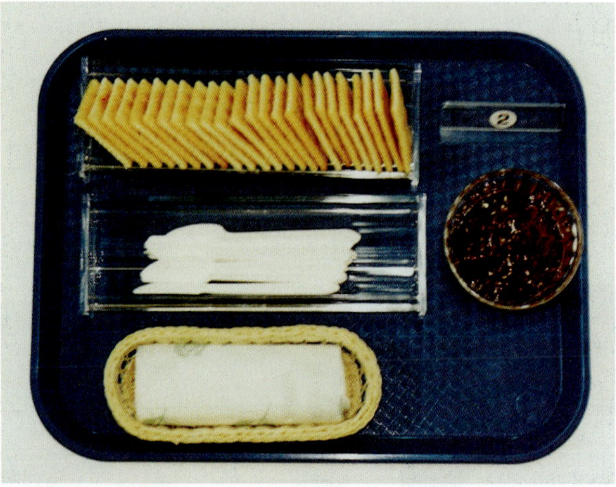

2. 대상연령　4세 이상

3. 목　적

직접목적　① 음식 준비하는 방법을 배운다.

② 잼 바르는 법을 익힌다.

간접목적　질서감, 협응력, 집중력, 독립심을 기른다.

4. 흥 미 점

- 잼 또는 버터를 적당한 양으로 사용하는 것
- 잼 바르는 칼의 모양
- 잼의 맛과 냄새, 모양
- 잼을 크래커에 바르는 것

5. 실수의 정정

- 버터와 잼을 너무 많이 발라지는 것을 볼 때
- 활동을 마친 후에 책상, 쟁반에 크래커의 부스러기가 떨어져 있을 때

6. 제시방법

① 유아를 초대하여 활동명을 알려준다.
"이것은 잼 바르기입니다."
② 손을 씻고 간식이 준비된 장소로 간다.
③ 쟁반에 냅킨 한 장과 칼과 숫자만큼의 크래커를 담아 간식 테이블로 온다.
④ 냅킨을 책상 위에 깐다.
⑤ 잼이 담긴 용기와 칼을 냅킨 오른쪽 위에 놓는다.

⑥ 크래커를 놓고 칼을 오른쪽 엄지손가락으로 잡고 나머지 네 손가락으로 감싸쥐듯 잡는다.
⑦ 잼을 조금 떠 크래커 위에 놓고 바른다. 왼손으로 크래커를 잡고 잼을 펴서 바른다.
⑧ 같은 방법으로 나머지 크래커도 잼을 바른다.
⑨ 크래커를 천천히 먹는다.
⑩ 칼과 잼이 담긴 용기를 싱크대나 사용한 용기를 모아두는 곳으로 갖다 둔다.
⑪ 냅킨을 싸서 휴지통에 버린다.
⑫ 쟁반이나 책상 위에 부스러기가 떨어져 있으면 책상용 비와 쓰레받기를 가져와 쓸어 담아 버린다.
⑬ 유아에게 권유한다.

7. 변형 및 응용 · 버터, 마요네즈 바르기 · 샌드위치 만들기 · 간식 만들기

오이 껍질 벗기고 자르기

1. 교 구 오이, 오이 껍질을 버리는 용기, 씻은 오이를 건져 놓을 수 있는 용기, 깨끗한 물을 담는 용기, 피처, 스펀지, 양동이, 도마, 오이 자르는 칼, 솔, 껍질을 벗기는 칼, 앞치마

2. 대상연령 4.5세 이상

3. 목 적

직접목적 야채를 다루는 방법을 배운다.

간접목적 질서감, 협응력, 집중력, 독립심을 기른다.

4. 흥 미 점

· 오이 껍질 벗기는 칼의 모양
· 교구에 쓰여진 여러 그릇들
· 오이에 솔질을 해감에 따라 오이가 깨끗해지는 것을 보는 것
· 오이 껍질이 깎여져 나가는 것을 보는 것
· 오이를 얇게 써는 것
· 다른 유아에게 오이 조각을 권하는 것
· 오이 껍질을 동물에게 가져다 주는 것

5. 실수의 정정
- 칼을 손에 너무 가까이 대는 것을 본다.
- 쟁반, 책상에 물, 오이 껍질이 흩어져 있는 것을 볼 때
- 오이가 울퉁불퉁하게 자르는 것을 볼 때
- 손가락을 다쳤을 때
- 활동을 마친 후 교구를 정리해 놓지 않을 때

6. 제시방법

① 유아를 초대하여 활동명을 소개한다.
"이것은 오이 껍질 벗기기입니다."
② 앞치마를 입고, 교구들을 책상 위에 가져다 놓는다.
③ 피처를 들고 물을 받아온다.
④ 깨끗한 물을 반쯤씩 따라 붓는다.
⑤ 물이 담겨진 용기에 오이를 담고,, 솔로 돌려가면서 오이를 깨끗이 닦는다.
⑥ 닦아진 오이를 건져 놓는 용기에 옮겨 놓고, 도마를 놓는다.
⑦ 도마 위에 오이를 올려놓는다.
⑧ 껍질 벗기는 칼을 가져와 왼손으로 오이를 잡고, 오른손으로 칼을 잡아 왼쪽에서 오른쪽으로 벗겨 나간다.
⑨ 껍질을 모아 껍질 버리는 용기에 놓는다.
⑩ 오이의 끝은 잘라 껍질이 있는 용기에 버리고 오이의 가는 쪽을 왼쪽으로 놓는다.
⑪ 칼을 오른손으로 잡고 왼손으로 오이를 잡아 수직으로 날을 천천히 내려 잘라간다. 이때 한 번에 하나씩 잘라 용기에 담는다.
⑫ 오이 끝 1㎝쯤 두고 다 자른다.
⑬ 껍질이 담긴 용기를 쓰레기통에 버리고 돌아와 교구를 정리한다. 용기의 물을 양동이에 부어 싱크대에 버리고 스펀지로 물기를 닦아 낸다.
⑭ 오이를 담은 용기를 들고 친구들에게 "먹어 보겠니?" 하고 권유한다.

7. 변형 및 응용 · 사과, 감자 깎기, 자르기
· 볶음밥하기
· 당근 벗기고 자르기

8. 비　고 과일 색과 맞추어 용기 색을 준비

빵가루 내기

1. 교 구 작은 강판, 마른 빵, 빵 담을 용기, 가루 담을 용기, 솔, 숟가락, 쟁반

2. 대상연령 5세 이상

3. 목 적

직접목적 빵가루 내는 법을 익힌다.

간접목적 질서감, 협응력, 집중력, 독립심을 기른다.

4. 흥 미 점

· 빵을 갈 때 나는 소리
· 강판의 모양
· 빵이 갈려져서 가루가 되는 것을 볼 때

5. 실수의 정정

· 빵이 잘 갈려지지 않는 것을 볼 때
· 빵가루가 쟁반이나 책상 위에 떨어져 있는 것을 볼 때
· 강판 사용이 잘 되지 않아 손가락을 다칠 때

6. 제시방법

① 유아를 초대하여 활동명을 알려준다.
"이것은 빵 가루 내기입니다."
② 용기에 강판을 놓는다.
③ 빵을 강판 위에 놓고 왼손으로 강판을 잡고 오른손으로 빵을 위 아래로 대고 문지른다.
④ 강판을 쟁반에 놓는다.
⑤ 왼손으로 용기를 잡고 오른손으로 숟가락을 잡아 빈 용기에 담는다.
⑥ 오른손으로 솔을 잡아 남아 있는 가루를 용기에 쓸어 담는다.
⑦ 용기를 들고 빵 가루를 모아 두는 곳으로 가서 빵 가루를 담는다.
⑧ 쟁반이나 책상에 떨어진 가루가 있으면 책상용 빗자루로 쓸어 담아 버린다.
⑨ 유아에게 권유한다.

7. 변형 및 응용

· 강판의 모양을 바꾼다.
· 계피 가루 내기
· 치즈 가루 내기
· 커피 갈기

일상 생활 영역의 기타 변형 및 응용 활동들

꽃술 놓기

색깔 분류하기

침봉에 꽂기

구슬 끼우기

분류하고 끼우기

팔찌 만들기

감기

포장하기-1

포장하기-2

꽂기

스폰지에 압정 꽂기

구멍에 넣기

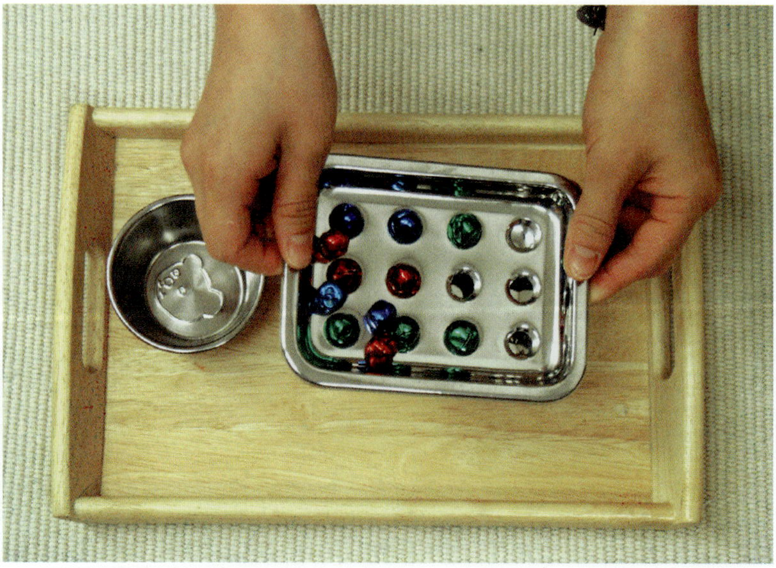

집게로 옮기기

해바라기씨 뽑기

솔방울 줍기

스포이드 사용하기

차 따르기

핀셋으로 골라내기

젓가락으로 옮기기

숟가락으로 옮기기

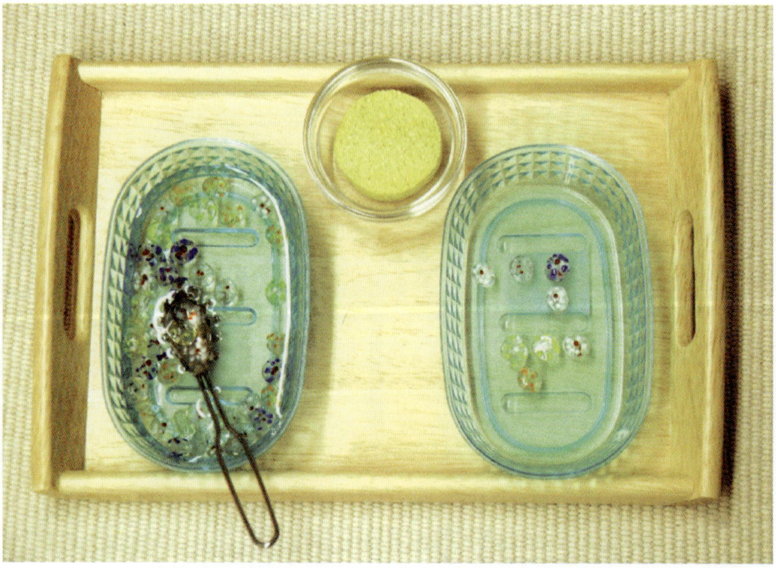

따르기

고리로 옮기기

사탕 포장하기

스티커 붙이기

종이 찢기

뒤집기

펀칭하기

모양 펀칭하기

펀칭하기

퀼트

퀼트 하기

쿠션 넣기

리본 메기

엮기-1

엮기-2

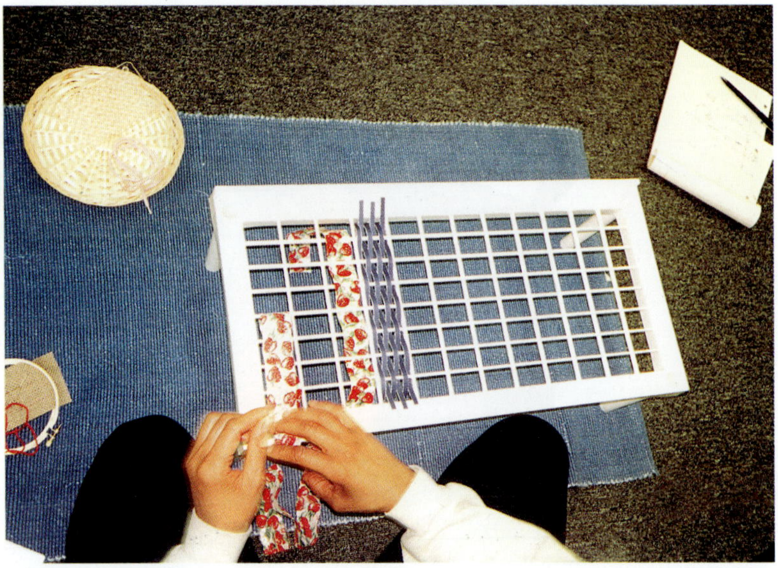

엮기-3

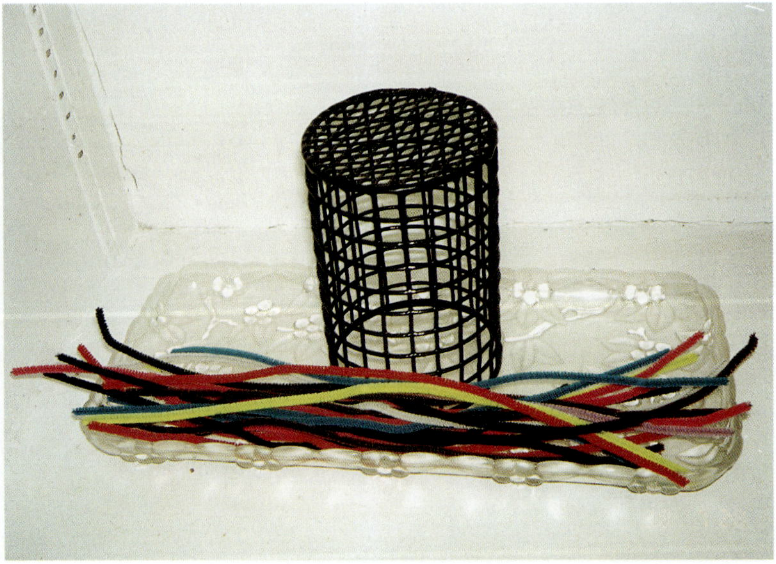

엮기-4

엮기-5

엮기-6

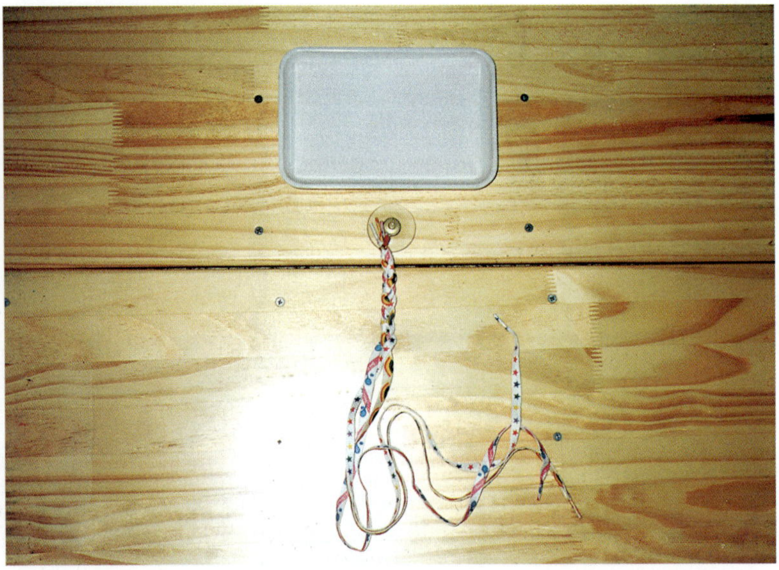

패턴에 엮기-1

패턴에 엮기-2

패턴에 엮기-3

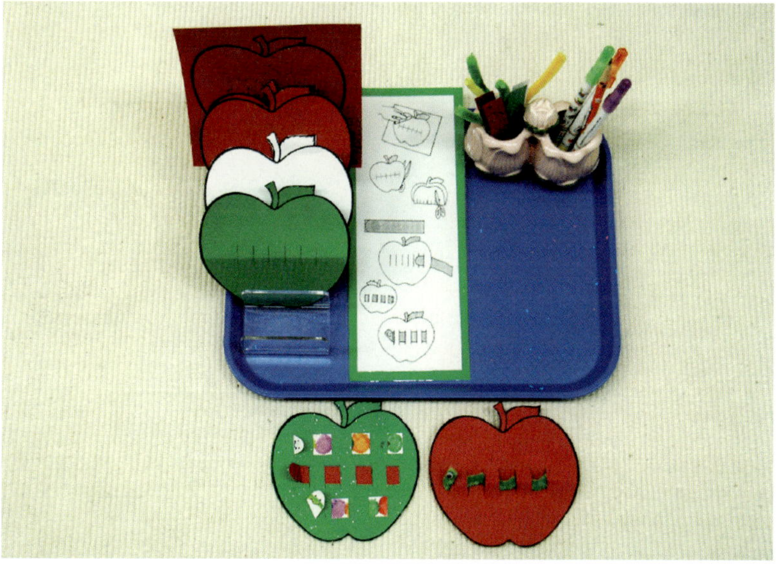

패턴에 엮기-4

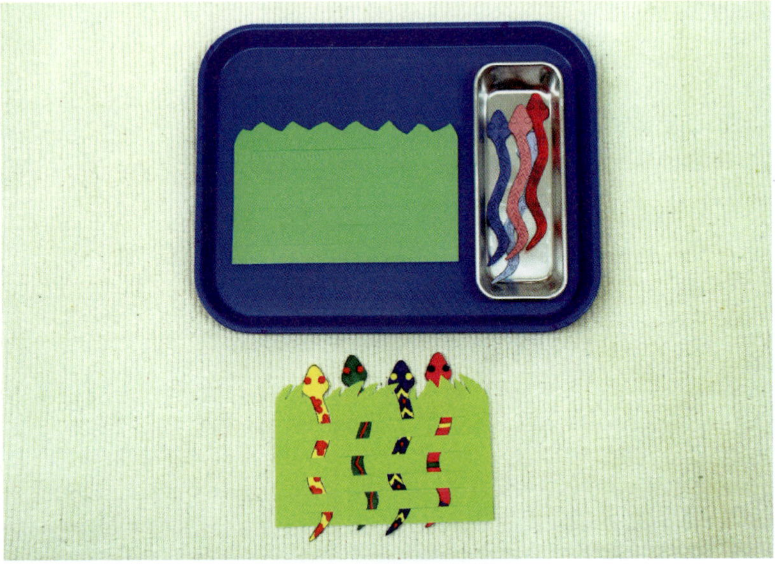

패턴에 엮기-5

여러가지 엮기-패턴

바구니에 엮기

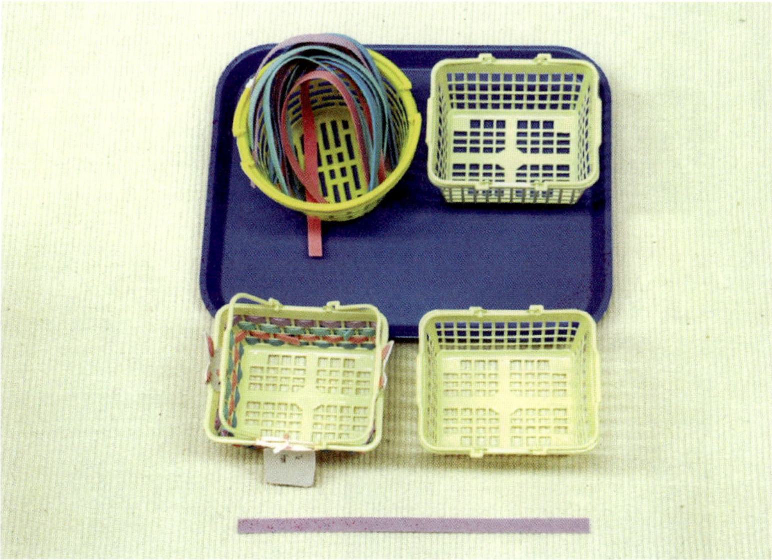

실로 엮기-1

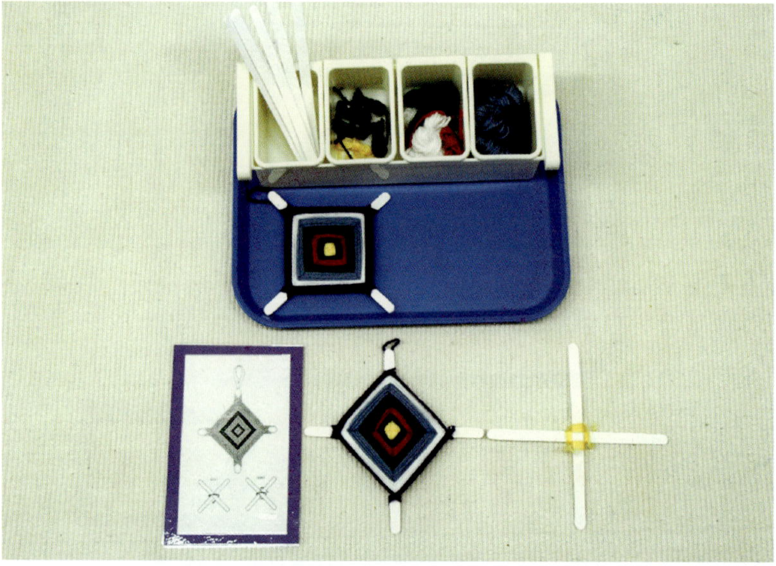

실로 엮기-2

종이 접시에 엮기

매듭 짓기

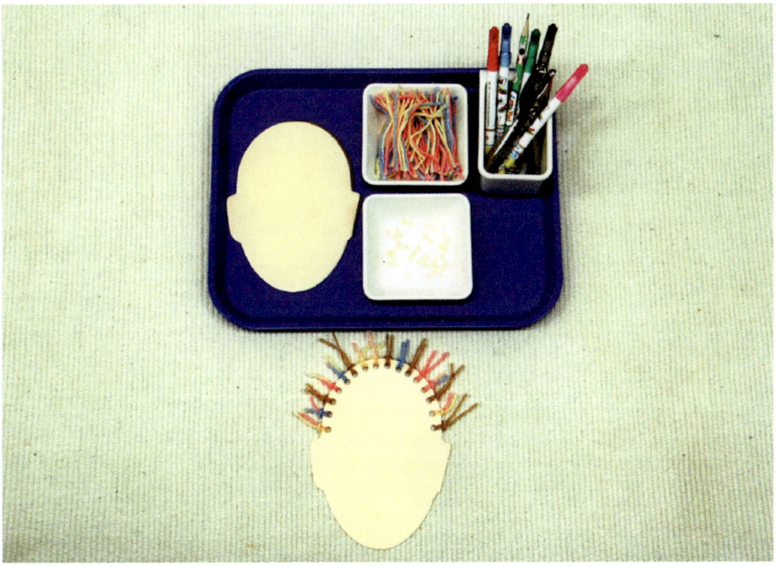

바늘로 엮기-1

바늘로 엮기-2

틀에 찰흙 모양 내기

상 차리기

핀셋으로 옮기기

가위로 자르고 붙이기

핀 포킹하기

스테이플러 사용하기

망치질 하기

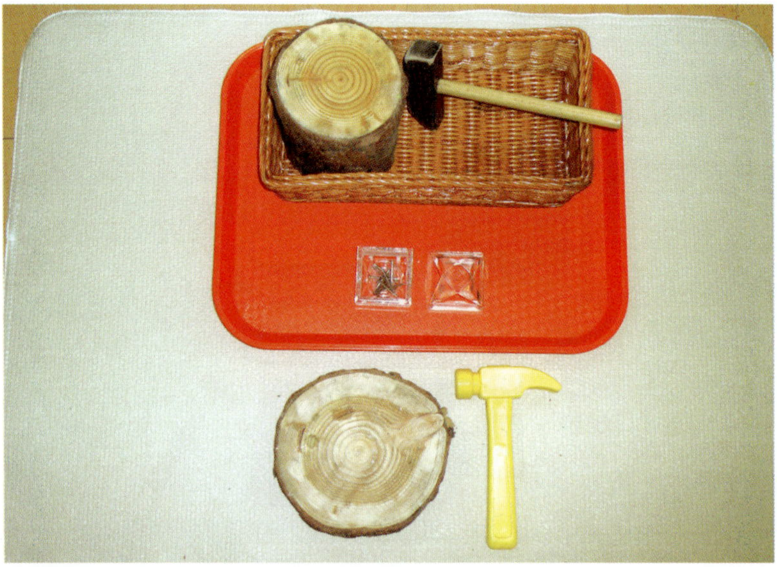

우산펴기

물건 가려내기

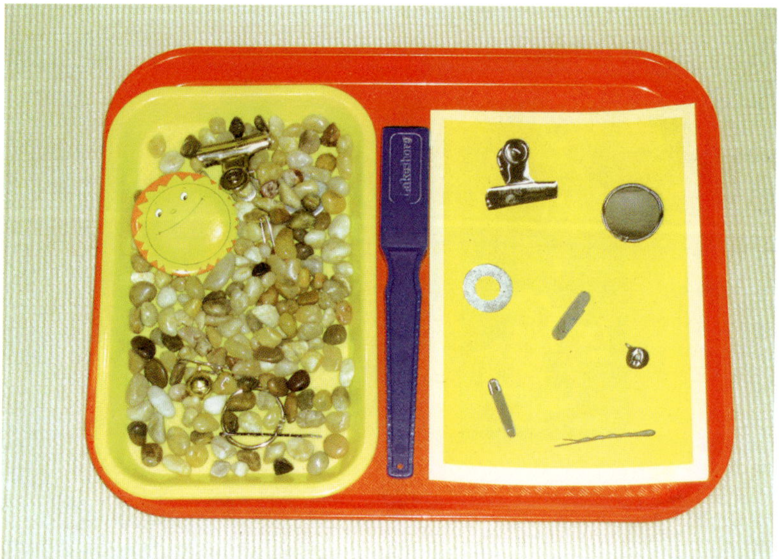

판에 꽂기-1

판에 꽂기-2

국수 옮기기

모래 털기

인형 옷 입히기

마끼 만들기

저자소개

배진영

Xavier 대학교 대학원 교육학 석사
미국 몬테소리 교사 자격증(AMS : 3~6세)
국제 몬테소리 유치원 교사 역임

현 재 밤비니 교육센터 원장 / 청강문화산업대학 유아교육과 강사 / 분홍탑몬테소리연구소(PMI) 연구원
한국몬테소리교육연구회(KOMA) 상임연구원 / 한국몬테소리교육총연합회 이사

저서, 역서 「동물에 관한 모든 것」, 「유아기 부모를 위한 핸드북」「몬테소리 일상생활영역」,
「몬테소리 감각교육」, 「몬테소리 언어교육」, 「몬테소리 수학교육」

송미령

Xavier 대학교 대학원 교육학 석사
미국 몬테소리 교사 자격증(AMS : 3~6세)
0~3세 몬테소리 과정 수료
국제 몬테소리 유치원 원감 역임
경기대학교 사회교육원 겸임교수 역임

현 재 밤비니 교육센터 대표 / 분홍탑몬테소리연구소(PMI) 연구원
한국몬테소리교육연구회(KOMA) 상임연구원 / 한국몬테소리교육총연합회 이사

저서, 역서 「몬테소리 대전집 14권」, 「새로운 세계를 위한 교육」, 「교육과 평화」, 「동물에 관한 모든 것」,
「유아기 부모를 위한 핸드북」「몬테소리 일상생활영역」, 「몬테소리 감각교육」,
「몬테소리 언어교육」, 「몬테소리 수학교육」

왕기은

Xavier 대학교 대학원 교육학 석사
미국 몬테소리 교사 자격증(AMS : 3~6세)
청강문화산업대학, 신흥대학 유아교육과 강사 역임
한국몬테소리교육연구회(KOMA) 상임연구원 역임

현 재 영광유치원 원장 / 분홍탑몬테소리연구소(PMI) 연구원
한국몬테소리교육총연합회 이사

저서, 역서 「동물에 관한 모든 것」, 「유아기 부모를 위한 핸드북」「몬테소리 일상생활영역」,
「몬테소리 감각교육」, 「몬테소리 언어교육」, 「몬테소리 수학교육」

이성숙

중앙대학교 대학원 유아교육학 박사
미국 몬테소리 교사 자격증(AMS : 3~6세)
홍익유치원 원장 역임
중앙대 유아교육과 강사, 협성대, 숭실대 교육대학원 겸임교수 역임

현 재 한국유아교육센터 대표 / 숭실대학교 교육대학원 유아교육과 강사
분홍탑몬테소리연구소(PMI) 연구원 / 한국몬테소리교육연구회(KOMA) 상임연구원
한국몬테소리교육총연합회 부회장

저서, 역서 「몬테소리 교육」, 「아이들의 비밀」, 「당신의 아이를 아십니까?」,
「어린이는 어떻게 배우는가?」, 「유아기 부모를 위한 핸드북」,「유아생활지도」,
「아동의 다양한 능력개발을 위한 프로젝트 스펙트럼 활동」, 「분수」,
「몬테소리 일상생활영역」, 「몬테소리 감각교육」, 「몬테소리 언어교육」, 「몬테소리 수학교육」

2판

몬테소리 일상 생활 영역

초 판 1쇄 발행 1999년 7월 23일
초 판 3쇄 발행 2006년 3월 20일
제2판 4쇄 발행 2025년 2월 5일

지은이 | 배진영 · 송미령 · 왕기은 · 이성숙
펴낸이 | 김기섭
펴낸곳 | 창지사 www.changjisa.com
08589 서울시 금천구 가산디지털 1로 83 파트너스타워 1차 9층
전화 (02) 719-2211~3
팩스 (02) 701-9386
등 록 | 1977년 4월 28일 · 제1-421호

ISBN 978-89-426-0577-4 (93370)

값 15,000원